伝記を読もう

豊《とよ》田《だ》喜《き》一《いち》郎《ろう》

自動車づくりにかけた情《じょう》熱《ねつ》

山口 理・文

もくじ

はじめに

あなたが家を出てから学校に着くまでに、いったい何台の自動車を目にしますか？　一台？　二台？　いえいえ、おそらくほとんどの人が、それよりずっと多くの自動車と出会っていることでしょう。

今の日本では、一歩外へ出れば必《かなら》ずと言っていいくらい、自動車のすがたを目にします。

犬の散歩《さんぽ》、買い物、友だちの家に行くとちゅう……。どこへ行っても自動車を見かけます。自分の家に自動車がある、という人もたくさんいることでしょう。

なにしろ、日本を走っている自動車の台数は六千万台以上《いじょう》。しかもこれは乗用車だけの台数です。ここにバスやトラックなどをふくめると、実に八千万台近い自動車が、日本の道路を走っているのです。現代《げんだい》は「自動車社会」とまで、よばれるようになりました。これだけの台数の自動車が走っていれば、なるほどとうなずけますね。

それでは、日本がこのようになるきっかけをつくった人って、いったい、どんな人だったのでしょう。すごい天才で、研究ばかりしている学者さんのような人だったのでしょうか。それとも、たいへんなお金持ちで、お金の力で開発を進めた人なのでしょうか。

その人の名前は「豊田喜一郎《とよだきいちろう》」。

さあ、ページをめくり、自動車に情熱《じょうねつ》をかけた男の人生を、たどってみましょう。

一　もっと先へ

一九四八（昭和二十三）年八月七日。名古屋駅《なごやえき》のまわりには、たくさんの人びとが集まっていました。

「どっちが勝つかな。」

「そりゃあ、列車の方が速いだろう。なんたって、『急行』だからな。」

いったい、何がはじまるのでしょうか。

「それにしても、急行列車と自動車を競走《きょうそう》させるなんて、おもしろいことを考えたもんだ。」

「列車の相手は、できたての小型車《こがたしゃ》だろう？　大阪《おおさか》までちゃんと走れるのかね。」

集まった人びとは、口々《くちぐち》にそんなことを話していました。

そうです。今からはじまるのは〝急行列車と自動車の競走《きょうそう》〟なのです。

このころの日本には、まだすぐれた自動車をつくる技術《ぎじゅつ》がありませんでした。そこに挑戦《ちょうせん》した男たちがつくり上げた一台の車。それが、開発されて間もない国産《こくさん》乗用車SA型《エスエーがた》です。

「国産《こくさん》乗用車SA型《エスエーがた》と急行列車を、名古屋《なごや》〜大阪《おおさか》間で競走《きょうそう》させる」。新聞社の記者が考えたこの企画《きかく》は、大きな話題をよびました。

朝四時三十七分。下り列車が「ピーッ」と汽笛を高く鳴らし、名古屋《なごや》駅《えき》を出発しました。

それと同時に、SA型《エスエーがた》が線路とならぶ道路を走りだします。

車の中には新聞記者やカメラマンが乗っていて、インチキすることなどはけっしてできません。

SA型《エスエーがた》を開発した技術者《ぎじゅつしゃ》たちは、大きな声援《せいえん》を送ります。

▲急行列車と競走《きょうそう》する SA《エスエー》型《がた》乗用車

「がんばれ、列車に負けるな！」

「われわれの技術力《ぎじゅつりょく》をみせてやれ！」

技術者《ぎじゅつしゃ》たちの夢《ゆめ》を乗せて、ＳＡ型《エスエーがた》はけんめいに走ります。

そんな中、しだいに小さくなるＳＡ型《エスエーがた》の後ろすがたをだまってじっと見守る一人の男がいました。「豊田喜一郎《とよだきいちろう》」。日本の自動車産業《さんぎょう》は、この男によって生み出され、育っていったのです。

ＳＡ型《エスエーがた》がゴールの大阪駅《おおさかえき》に到着《とうちゃく》したのは、八時三十七分。一方、急行列車の到着《とうちゃく》は九時二十三分。四十六分もの大きな差《さ》をつけた、ＳＡ型《エスエーがた》の圧勝《あっしょう》でした。

この結果は、翌日《よくじつ》の新聞に大きくとりあげられました。

「やりましたね、社長！」

「長い間の努力《どりょく》が、やっと実ったんです。」

技術者《ぎじゅつしゃ》たちは、手を取り合って喜《よろこ》びました。しかし当時、トヨタ自動車工業の社長をつとめていた喜一郎《きいちろう》に、笑顔《えがお》はありません。

「まだまだだ。車の性能《せいのう》は悪いし、エンジンも力が足りない。」

喜一郎《きいちろう》の目は、いつでも、〝もっと先〟を見つめていたのです。

二　ひ弱な少年

一八九四（明治二十七）年六月十一日。静岡県吉津村《しずおかけんよしづむら》（今の湖西市《こさいし》）にある、わらぶき屋根のそまつな家で、喜一郎《きいちろう》は生まれました。そのころの日本では、男子、それも長男が生まれることは、何よりもおめでたいできごとでした。けれど、父親の佐吉《さきち》は、自分にとって初《はじ》めての子どもが生まれたというのに、頭の中は別《べつ》のことでいっぱいでした。

佐吉《さきち》は、「天才発明家」とも「研究の鬼《おに》」ともよばれる人物で、それ以外《いがい》のことには、まったく興味《きょうみ》をしめさない人でした。

その佐吉《さきち》は、東京《とうきょう》の浅草区《あさくさく》（今の台東区《たいとうく》）で小さな織布《しょくふ》（布《ぬの》を織《お》る）工場を開いていましたが、経営《けいえい》はあまりうまくいっていませんでした。

二十六歳《さい》のとき、両親の強いすすめもあって、「たみ」という女性《じょせい》と結婚《けっこん》しますが、結婚式《けっこんしき》から十一日目には、一人で東京《とうきょう》へ帰ってしまうしまつです。東京《とうきょう》でたみといっしょに生活するようになってからも、研究室に閉《と》じこもりっきりの毎日が続《つづ》きました。生活はまずしく、その日の食べ物もろくにない毎日です。

そんな中でたみが、にんしんをしました。そのたみが、不安《ふあん》そうに言います。

「東京《とうきょう》には、わたしの知っている人はいません。お金もなくてあなたの仕事も、うまくいっていません。こんな中で、赤ちゃんを産《う》むのは、とても心配なんです。一度、村に帰りましょう。」

たみのことばを佐吉《さきち》は受け入れ、二人は吉津村《よしづむら》の実家に帰りました。しかしそこで佐吉《さきち》は父の伊吉《いきち》から、農業に精《せい》を出すようにくり返し言われ、また村の人びとからはやっぱり佐吉《さきち》は発明ばかりしている変《か》わり者《もの》とバカにされ、母の親せきである豊橋《とよはし》の「森《もり》」という家をたよって、吉《よし》津村《づむら》を出てしまいます。

そして父親がいないまま、吉津村《よしづむら》の家で一人の男の子が生まれました。いったん実家にもどった佐吉《さきち》は、生まれたばかりのわが子に、「喜《き》一郎《いちろう》」という名前をつけると、つぎの日にはもう、豊橋《とよはし》へもどってしまいました。そんな佐吉《さきち》といっしょに暮《く》らしていく自信《じしん》のなくなったたみは、喜《き》一郎《いちろう》を産《う》んだ二か月後、実家に帰り、それきり二度ともどることはありませんでした。

たみがいなくなっても、父親の佐吉《さきち》がめんどうを見るわけではありません。喜《き》一郎《いちろう》は、祖父《そふ》の伊吉《いきち》と、祖母《そぼ》のゑ《え》いによって、育てられることになりました。

「だいじょうぶだ、喜《き》一郎《いちろう》。おまえのことはわしたちで育ててみせる。」

伊吉《いきち》、ゑ《え》い、そして同じ家で暮《く》らしているおじの佐助《さすけ》は、喜《き》一郎《いちろう》のことをまるで自分の子どものようにかわいがりました。

けれど、こまったこともありました。

ゑ《え》いは喜一郎《きいちろう》をだいたまま、大きなためいきをつくことがよくありました。

ある日のこと、気になった伊吉《いきち》が心配そうにたずねました。

「どうしたんだ。このごろためいきばかりついているじゃないか。」

「わたしでは母乳《ぼにゅう》が出ないので、この子にお乳《ちち》をやることができません。それでこまっているのです。」

現在《げんざい》なら、何の問題もないことですが、当時は赤ちゃん用のミルクなどありません。

「しかたがない。この子は、牛乳《ぎゅうにゅう》で育てよう。」

本当なら牛の乳《ちち》である牛乳《ぎゅうにゅう》を、人間の赤ちゃんに飲ませるべきではありません。しかし、ほかに飲ませるものもなく、また当時は「母乳《ぼにゅう》のかわりに牛乳《ぎゅうにゅう》を飲ませるのはよくない」という知識《ちしき》も、なかったのです。

それでも祖父母《そふぼ》、佐助《さすけ》の三人から愛情《あいじょう》を受け、喜一郎《きいちろう》はこの家ですくすくと育っていきました。

喜一郎《きいちろう》が三歳《さい》のときのことです。

「よう、喜一郎《きいちろう》。元気にしておったか。」

父の佐吉《さきち》がとつぜん、帰ってきました。それも、見たことのない女の人をつれて。

「おまえの新しいお母さんだ。これから三人でいっしょに、名古屋《なごや》で暮《く》らすぞ。」

おとなしい喜一郎《きいちろう》はとまどいながらも、ただ佐吉《さきち》のことばに従《したが》うしかありませんでした。

そのころ佐吉《さきち》は、名古屋《なごや》に、「豊田商店《とよだ》」という自分の会社をもっていました。その会社の経営《けいえい》がようやくうまくいき始め、動力織機《どうりょくしょっき》*の特許《とっきょ》を取って、「豊田式汽力織機《とよだしききりょくしょっき》」という織物《おりもの》の機械《きかい》を売り出すまでになっていたのです。

喜一郎《きいちろう》にとって二番目のお母さんである浅子《あさこ》は、とてもしっかりとした働き者の女性でした。

「喜一郎《きいちろう》、あなたはわたしの子どもです。わたしが産《う》んだ子どもと何のちがいもありません。だから、時にはきびしいことも言いますが、それはあなたがかわいいからです。」

そんな浅子《あさこ》のことばを、喜一郎《きいちろう》はきちんと正座《せいざ》して聞きました。そのことばどおり、浅子《あさこ》はいそがしい毎日の中でも、喜一郎《きいちろう》を本当の自分の子どものように、心の底《そこ》から愛《あい》してくれたのです。

浅子《あさこ》は、一八九九（明治《めいじ》三十二年）に、長女の愛子《あいこ》を出産《しゅっさん》します。

「ぼくに妹ができた。どんな子かな。いっしょに遊べるかな。」

＊動力織機《どうりょくしょっき》　手動ではなく、蒸気機関《じょうききかん》などの動力を利用《りよう》して布《ぬの》を織《お》る機械《きかい》。

そう思うと、心がウキウキします。けれど、ほんの少しだけ、気になることもありました。

「お母さんにとって、ぼくは本当の子じゃない。でも、愛子《あいこ》は本当の子。やっぱり、本当の子の方がかわいいんだろうな。だとしたら、ぼくはもう、かまってもらえなくなるんじゃないだろうか。」

そんな喜一郎《きいちろう》のようすに気づいた浅子《あさこ》は、いつもの調子で、明るく声をかけました。

「こら、喜一郎《きいちろう》。何をしょんぼりしているの。喜一郎《きいちろう》と愛子《あいこ》、どちらもわたしの大切なかわいい子だよ。だから二人とも、同じようにビシビシきびしくやるからね。」

喜一郎《きいちろう》は、こんなさっぱりとした性格《せいかく》の浅子《あさこ》が大好《だいす》きでした。

牛乳《ぎゅうにゅう》で育ったせいか、喜一郎《きいちろう》は体が小さく弱い「虚弱体質《きょじゃくたいしつ》」の少年で、学校も休みがち。ですから、いそがしい浅子《あさこ》にとっては、手のかかる子でもありました。けれど、わが子にそそぐ愛情《あいじょう》に手をぬくこともありません。

夫の佐吉《さきち》を助け、豊田《とよだ》商店を支《ささ》えて朝から晩《ばん》まで働《はたら》き通《どお》しの浅子《あさこ》でしたが、いやな顔ひとつしません。前に言ったことばどおり、喜一郎《きいちろう》と愛《あい》子《こ》をわけへだてするようなことは、いっさいありませんでした。

ですが、たいへんにいそがしい両親のことです。いつも、二人の子どもにかまっていることはできません。

「ただいま〜！」

「お帰り、お兄ちゃん。ねえ、きのうの続《つづ》きやろう！」

喜一郎《きいちろう》の帰りを待ちわびていたのは、妹の愛子《あいこ》です。前の日にやった「かるた」が楽しくて、喜一郎《きいちろう》が帰ってくるのを今か、今かと待っていたのです。

両親がいそがしい人だったため、喜一郎《きいちろう》と愛子《あいこ》はいつもいっしょ。と

ても仲《なか》のよい兄妹《きょうだい》でした。

「花よりだんご。」

「はい、とった！」

「犬も歩けばぼうに当たる。」

「はい！」

と、喜一郎《きいちろう》はいつも読み手です。ですから愛子《あいこ》が勝ってしまうのは当たり前。けれど喜一郎《きいちろう》は、愛子《あいこ》が喜《よろこ》ぶようすを見るだけで満足《まんぞく》でした。

「愛子《あいこ》、ごはんを食べようよ。」

　食事のときも、二人きりです。

「この大根《だいこん》、よく味がしみてておいしいね。愛子《あいこ》にひとつあげる。」

「じゃあ、愛子《あいこ》もお兄ちゃんに、お魚半分あげる。」

といったぐあいに、仲《なか》よく食べます。夜になってねるときには、毎晩《まいばん》、愛子《あいこ》のために本を読んで聞かせます。

「お兄ちゃん、今日は何のお話？」

「そうだなぁ。『かぐやひめ』のお話をしてあげよう。むかしむかし、あるところにおじいさんとおばあさんが……。」

もう、同じ話を何度も聞いているのですが、それでも愛子《あいこ》にとっては、とても楽しい時間でした。

「これはこれはかわいい女の子だ。おばあさんにみせてあげよう……。」

話がはじまると、じきに愛子《あいこ》はねむってしまいます。きっと、喜一郎《きいちろう》がとなりにいることで、心の底《そこ》から安心してしまうのでしょう。

このように妹思いで、心のやさしい喜一郎《きいちろう》ですが、父の佐吉《さきち》にとっては、どうにもものたりません。成績《せいせき》が特別《とくべつ》にいいわけでもなく、運動にすぐれていることもありません。家に帰っても愛子《あいこ》とばかり遊んでいる無口《むくち》なむすこに、佐吉《さきち》はあまり期待をしていませんでした。

喜一郎《きいちろう》は、どこにでもいる、ごくふつうの子。いや、むしろ、「できの悪い子」といえたかもしれないのです。

そんな喜一郎《きいちろう》が何よりも楽しみにしていたのは、吉津村《よしづむら》ですごす日々《ひび》でした。

「じいちゃん、ばあちゃん、おじさん、遊びに来たよ!」

毎年、夏休みなどの長い休みがくると、喜一郎《きいちろう》は祖父母《そふぼ》やおじの住む吉津村《よしづむら》に行き、そこで毎日をすごします。

「おう、来たか。待っとったぞ。」

三人とも、大喜《おおよろこ》びで喜一郎《きいちろう》をむかえてくれました。

「荷物をかたづけたら、カブトムシをとりに行こうか。裏山《うらやま》にいっぱいいるぞ。」

仕事の合間をぬって遊んでくれるのは、おじの佐助《さすけ》です。

「うん、行く行く!」

喜一郎《きいちろう》も大喜《おおよろこ》び。大きな声をあげながら、元気いっぱいに野山をかけ回りました。家にいるときのおとなしく、無口《むくち》な喜一郎《きいちろう》とはまるで別人《べつじん》のようです。喜一郎《きいちろう》にとって、心の底《そこ》から楽しいと思えるのは、この吉津村《よしづむら》に来て、祖父母《そふぼ》や佐助《さすけ》といっしょにいるときだけでした。ですからここにいる間は、思い切り走り回り、まっ黒になるまで遊び回るのでした。けれど……。

三　親子の血

愛子《あいこ》といっしょに外でたっぷりと遊び、家に帰ってきたときのことでした。

「ああ、つかれた。おなかすいたぁ。」

愛子《あいこ》がふらふらしながら、家の中に入ってきます。

「そうじゃろう。ちょっと待ってなよ。」

祖母《そぼ》のゑい《え》が二人のために、おやつの用意を始めました。

「おや、喜一郎《きいちろう》はどうした？」

体力のない喜一郎《きいちろう》のことです。元気な愛子《あいこ》がぐったりするほど遊んできたのだから、きっとくたくたなのだろうと思っていました。

「喜一郎《きいちろう》なら、さっきおくの部屋に入っていったが。」

　祖父《そふ》の伊吉《いきち》がそう答えます。

「つかれすぎて、動けんようになっとるのかもしれん。ちっとようすを見てこよう。」

と、おくの部屋をのぞいてみました。すると喜一郎《きいちろう》は、楽しそうに一人でもくもくと絵をかいていました。何だか、とてもごちゃごちゃとした、機械《きかい》の絵です。

「喜一郎《きいちろう》、つかれたじゃろう。おやつ、食べんかい？」

「もう少しあとで。」

　しかし、夕食の時間になっても、部屋から出てきません。気になった伊吉《いきち》がそっとのぞきこむと、こんどは複雑《ふくざつ》な設計図《せっけいず》のようなものをかいています。

　それを見て、伊吉《いきち》はこう思いました。

「やれやれ、これではおやじと同じじゃ。」

祖父《そふ》の伊吉《いきち》はうでのいい大工で、むすこの佐吉《さきち》を自分のあとつぎとしてりっぱな大工に育てたいと思っていました。そのために、知り合いの大工のもとへ修業《しゅぎょう》に出したほどでした。しかしその修業先《しゅぎょうさき》では昼間の大工仕事が終わると、夜もねずに機械《きかい》の設計図《せっけいず》をかいたり、機械《きかい》をいじったりと、なかなか大工仕事に集中できずにいたのです。修業《しゅぎょう》が終わって家に帰ってきてからも、伊吉《いきち》の目をぬすんでは、納屋《なや》にこもって機械《きかい》の研究に取り組んでいました。

今、夢中《むちゅう》になって設計図《せっけいず》らしきものをかいている喜一郎《きいちろう》の背中《せなか》を見て、伊吉《いきち》はあきれたようにつぶやくのでした。

「まったく、親子の血は争《あらそ》えんもんじゃのう。」

こうして、楽しい吉津《よしづ》での日々《ひび》は、あっという間に過《す》ぎていきました。

吉津村《よしづむら》から家にもどれば、また愛子《あいこ》と遊ぶか、一人でおとなしくしている喜一郎《きいちろう》に逆《ぎゃく》もどりです。そんなある日のことでした。その日は工場がお休みで、中にはだれもいない……はずでした。

佐吉《さきち》が工場の見まわりをしていると、中で人の気配がします。

「だれだ、休みの日に出てきているのは。」

まどからそっとのぞいてみました。するとそれは、喜《き》一郎《いちろう》でした。喜一郎《いちろう》が、だれもいない工場で、熱心《ねっしん》に機械《きかい》の絵をかいているのです。

「喜一郎《きいちろう》も機械《きかい》が好《す》きか。こんなところだけは、わしにそっくりだ。」

佐吉《さきち》はこのとき、まったくといっていいほど期待していなかった喜一《きいち》郎《ろう》の中に、希望《きぼう》の光を見つけたのでした。

ですが、あいかわらず仕事ばかりに熱心《ねっしん》で、ほとんど話をすることもない父に対して、喜一郎《きいちろう》はどこか近づきがたいものを感じていました。

そんなある日のことでした。

「おかみさん、織機《しょっき》が一台売れました！」

とぶようにしてやってきたのは、佐吉《さきち》の弟の平吉《へいきち》でした。平吉《へいきち》は、工場の仕事を手伝《てつだ》っています。この日、じつに半月ぶりに織機《しょっき》が売れたのです。

「まあ、よかった。これで、今月の食費《しょくひ》が何とかなるわ。」

豊田《とよだ》商店は、うまくいき始めたと思っても、またすぐに経営《けいえい》が苦しくなってしまうのです。ですから、佐吉《さきち》一家の生活もたいへんに苦しいものでした。

「よかったですね、おかみさ……、あっ！」

そのとき、平吉《へいきち》の手にした織機《しょっき》の代金を、だれかの手がサッと取り上げました。

「佐吉《さきち》兄さん！」

「これで機械《きかい》の材料《ざいりょう》が買える。あの織機《しょっき》はまだまだ改良《かいりょう》する必要《ひつよう》があるんだ。」

そんな佐吉《さきち》に向かって、平吉《へいきち》は声をあらげました。

「兄さん。今は研究よりも、毎日の食事の方が大事でしょう。子どもたちだって、ろくなものを食べていないじゃないですか。」

「うるさい。ここはわしの会社だ！」

と、どなって、材料《ざいりょう》の仕入れに行ってしまったのです。その日の夕食も、おかずは、みそしる以外《いがい》、何もありませんでした。

「お父さんは？」

喜一郎《きいちろう》がめずらしく父のことをたずねました。すると浅子《あさこ》は、こう答えたのです。

「たぶん東京《とうきょう》に行ったんでしょうから、十日はもどらないでしょう。」

それを聞いた喜一郎《きいちろう》は小さな声で、ポツリと言いました。

「お父さんって、かってだよね。ぼく、好《す》きじゃないな。」

ところが浅子《あさこ》は、きっぱりとこう言ったのです。

「お父さんのことを悪く言うのは、わたしが許《ゆる》しません。」

いくら苦労《くろう》をかけられても、浅子《あさこ》は佐吉《さきち》を信《しん》じていました。

けれど、喜一郎《きいちろう》や愛子《あいこ》のさびしい気持ちもよくわかっていました。

そのためときどき、こんなこともしたのです。


喜一郎《きいちろう》が学校から帰ってくると、おぜんの上に書きおきがありました。

「お兄ちゃん、何て書いてあるの?」

愛子《あいこ》が書きおきと、喜一郎《きいちろう》の顔をこうごに見くらべました。

「いいか、読むぞ。『おやつは家のどこかにかくしました。見つけた人だけ、食べることができます』だってさ。」

「わあ、おもしろそう。あたし、お兄ちゃんより先に見つけちゃおうっと。」

「ぼくだって、負けるもんか。それじゃいいか、一、二の三！」

二人にとって、これは楽しいゲームです。なかなか二人にかまってやれない浅子《あさこ》がみせた、せいいっぱいの愛情《あいじょう》でした。

四 地道にコツコツ

一九〇五（明治《めいじ》三十八）年に、佐吉《さきち》が発明した「三十八年式織機《しょっき》」、さらに「三十九年式織機《しょっき》」という織物《おりもの》の機械《きかい》は、たいへんよく売れました。これは、糸が切れてしまったとき、自動的《じどうてき》に止まるしくみをもつ、すぐれた機械《きかい》でした。佐吉《さきち》はそのお金で、両親のためにりっぱな家を新しく建《た》てたのです。

ある日、喜一郎《きいちろう》はぐうぜん、大工さんたちのこんな話を耳にしました。

「あの、ろくに家の手伝《てつだ》いもしなかった、いいかげんな佐吉《さきち》が、えらい出世したもんじゃのう。」

「変《か》わった男だとばかり思っとったが、本当は天才だったんじゃ。えらいもんじゃなあ。」

それを聞いた喜一郎《きいちろう》は、なぜかなみだがこぼれました。以前は佐吉《さきち》をバカにしていた人たちも、やっと佐吉《さきち》の才能《さいのう》をみとめるようになってくれたのです。父のことをあまりこころよく思っていなかった喜一郎《きいちろう》なのに、どうしてうれしかったのか、自分でもふしぎでした。商売がうまくいき、収入《しゅうにゅう》も安定してきた佐吉《さきち》は、気持ちの上でもよゆうが出てきました。それまではめったに顔も合わせなかった喜一郎《きいちろう》や愛子《あいこ》とも話をしたり、遊んでやったりするようになったのです。とくに実家に帰ったときなど、三人で楽しく遊ぶことさえありました。

「喜一郎《きいちろう》、愛子《あいこ》。今日はいい風がふいてる。たこあげでもするか。」

「えっ、お父さんもいっしょに？　わあい、行こう、行こう。」

佐吉《さきち》のあげるたこは、とてもよくあがるのです。

「わあ、ずいぶん高くあがったね。ぼくのより、ずっと高いや。」

「たこはな、強く引くだけじゃダメなんだ。風の力を借《か》りて、その風に乗せるんだ。おっ、愛子《あいこ》はうまいじゃないか。」

〝風に乗せる〟ということばの意味はよくわかりませんでした。けれど、父とこんな時間がすごせるようになるなんて、思ってもいなかった喜一郎《きいちろう》です。楽しいひとときをすごしながら考えていました。

「お父さんの発明は、とうとう世の中にみとめられるようになったんだ。お父さんって、すごい人だったんだなぁ。これからは、こんなふうに、楽しくいっしょに暮《く》らすことができるぞ。」

おさないころは、あまり好《す》きになれない父でしたが、少しずつ、あこがれとそんけいの気持ちがわいてくる喜一郎《きいちろう》でした。

「佐吉《さきち》さん、あなたの『豊田商店《とよだ》』を株式会社《かぶしきがいしゃ》化して、もっと大きな会社にしませんか？」

佐吉《さきち》にそうもちかけてきたのは、三井物産大阪支店長《みついぶっさんおおさかしてんちょう》の藤野亀之助《ふじのかめのすけ》でした。一九〇六（明治《めいじ》三十九）年のことです。

「わしは会社の経営《けいえい》には興味《きょうみ》がない。だから発明の方をやらせてもらえるのならその話に乗ってもいいぞ。」

そうして、佐吉《さきち》は、「豊田式織機株式会社《とよだしきしょっきかぶしきがいしゃ》」の常務取締役兼技師長《じょうむとりしまりやくけんぎしちょう》という立場になり、社長は谷口房蔵《たにぐちふさぞう》という人物にまかせました。

お金の面でもよゆうができたおかげで、一九〇八（明治《めいじ》四十一）年、喜一郎《きいちろう》は名古屋《なごや》市の私立明倫《しりつめいりん》中学校に入学することになります。ここは、市内のお金持ちな家庭の子どもが通う有名な進学校でした。小学校では「できの悪い子」だった喜一郎《きいちろう》ですが、何ごとにもコツコツと努力《どりょく》を積《つ》み重《かさ》ねるタイプだったため、成績《せいせき》もしだいによくなっていきました。

「あーあ、つぎは体育か。いやだなぁ。」

成績《せいせき》はよくなっても、運動は苦手なままです。同じ学級の友だちが、ちょっとからかうように、喜一郎《きいちろう》の顔をのぞきこんで言いました。

「今日は、徒競走《ときょうそう》らしいぞ。」

「先生、バトンをもっとったから、リレーじゃないか？」

それを聞いて、ますます落ちこむ喜一郎《きいちろう》。ただの徒競走《ときょうそう》なら、自分だけの問題ですみますが、リレーともなると、チームのみんなに迷惑《めいわく》をかけてしまうからです。

「よーい、ドン！」

喜一郎《きいちろう》は第三走者です。第一走者がスタートしました。速い速い。ぐんぐんリードを広げて、第二走者にバトンパス。第二走者もなかなか速く、その差《さ》をたもったまま、いよいよ喜一郎《きいちろう》にバトンがわたります。どうやら足のおそい喜一郎《きいちろう》の前に、できるだけ差《さ》を開いておこうという作《さく》戦《せん》だったようです。

「よし行け、喜一郎《きいちろう》！」

さあ、喜一郎《きいちろう》が走り始めます。すると、後ろを走っていたチームが、あっという間にその差《さ》をつめてきます。

「ああ、ぬかれる！　もっと速く走れよ、喜一郎《きいちろう》！」

必死の声援《せいえん》もむなしく、喜一郎《きいちろう》のチームは最下位《さいかい》に転落。つぎの走者へバトンをわたすころには、喜一郎《きいちろう》の足はヘロヘロになっていました。

「喜一郎《きいちろう》は、もっと運動をしなくちゃだめだな。」

そう言って友だちはわらいます。おとなしいけれど、まじめで人の悪口を言わない喜一郎《きいちろう》は、人気者ではないにせよ、けっしてきらわれたり、からかわれたりするような子どもではありませんでした。

このように喜一郎《きいちろう》には、走っても、とんでも、投げても、得意《とくい》な運動などありません。そのかわり図面をかいたり、機械《きかい》をいじったりすることはあいかわらず得意《とくい》だったのです。このころの成績《せいせき》は、優秀《ゆうしゅう》な生徒《せいと》ばかり集まる明倫《めいりん》中学校でも、上位に入るほどになっていました。何ごとも、一歩ずつ地道に前へ進む喜一郎《きいちろう》の本領《ほんりょう》が、少しずつ発揮《はっき》され始めたのです。

そんなある日、佐吉《さきち》の働《はたら》く「豊田式織機《とよだしきしょっき》」では、取締役会《とりしまりやくかい》が開かれていました。その場で佐吉《さきち》は、新しい発明のための研究費《けんきゅうひ》を出してほしいと提案《ていあん》しました。ところが役員たちは、そろっていい顔をしません。

「豊田《とよだ》さん、今の日本は不景気《ふけいき》です。もちろん、わが社も苦しい。ですからこんなたくさんの研究費《けんきゅうひ》なんか、出せっこありませんよ。」

「何を言ってる。会社が苦しいからこそ、新しい発明が必要《ひつよう》なんだ。研究費《けんきゅうひ》をけずるのは、ぜったいにみとめない！」

佐吉《さきち》は、大きな声で自分の考えを伝《つた》えました。すると、社長の谷口房蔵《たにぐちふさぞう》がいすから立ち上がり、佐吉《さきち》に向かってこう言いました。

「豊田《とよだ》さん。もうしわけないが、あなたには会社をやめてもらうことにしました。」

　つまり、クビということです。

「あなたは、あまりにも発明や製品《せいひん》の試験《しけん》に熱心《ねっしん》すぎる。いいですか、会社というのは利益《りえき》をあげる、つまり、もうけることを第一に考えるものです。あなたの言うように、できるだけこしょうのない、よい製品《せいひん》をつくろうとすれば、しんちょうな研究や試験《しけん》が必要《ひつよう》になり、それにはお金がかかります。そのお金が、今の豊田式織機《とよだしきしょっき》には、足りないのです。」

　谷口《たにぐち》のことばに、役員たちも「そのとおり」とばかりにうなずきます。

　お金がかかってもいい製品《せいひん》をつくりたいとする佐吉《さきち》のやり方が、社長や重役たちにはどうしても、わかってもらえないのです。

「わかった。だれがもう、こんな会社なんかにいてやるものか！」

　佐吉《さきち》はきっぱりとそう言って、机《つくえ》の上に辞表《じひょう》をたたきつけました。

　喜一郎《きいちろう》、十五歳《さい》の春でした。

五　アメリカの文化

会社をやめてからの佐吉《さきち》は、何もすることがなくなってしまいました。

「おい、酒がないぞ。買ってこい！」

と、家の中に閉《と》じこもりきりで酒ばかり飲む、あれた生活を送っていたのです。

それから何週間かたったころ、佐吉《さきち》はあの、藤野亀之助《ふじのかめのすけ》から、会って話がしたいと、れんらくを受けました。

「何を今さら。いったい何の用事があるというんだ。」

佐吉《さきち》はあまり気が進みません。「豊田式織機《とよだしきしょっき》」は以前《いぜん》、藤野《ふじの》が設立《せつりつ》の話をもちかけた会社です。その会社からクビを言いわたされたのですから、今さら藤野《ふじの》によび出されても、いい気持ちがするはずはありません。

「あなた、行ってきたらいかがです？　別《べつ》に藤野《ふじの》さんがあなたをクビにしたわけじゃあるまいし、もしかしたら、いい話かもしれませんよ。」

浅子《あさこ》はそう言って、佐吉《さきち》をなだめます。その浅子《あさこ》だけでなく、周囲《しゅうい》の人がみな同じようなことを言うため、佐吉《さきち》はしぶしぶ東京《とうきょう》の三井物産《みついぶっさん》本社にでかけていきました。

「豊田《とよだ》さん、このたびはあなたに、すっかりめいわくをおかけしました。」

そう言って頭を下げたのは、三井物産《みついぶっさん》の社長です。そのとなりには、大阪支店長《おおさかしてんちょう》である、藤野《ふじの》のすがたもありました。その藤野《ふじの》が、説明《せつめい》を始めます。

「まさかこんなことになるとは私《わたし》も思いませんでした。もうしわけないと思っています。ですが、あなたとはぜひまたいっしょに仕事をしたい。そのためにアメリカへ行って、向こうの進んだ文化を見てきてほしいのです。」

この思いがけない提案《ていあん》に、佐吉《さきち》は少しの間、考えこみました。

「あんなわけのわからん連中《れんちゅう》のいる日本に、みれんはもうない。いっそのことアメリカに移《うつ》って、向こうで好《す》きな研究や発明をして暮《く》らすのもいいな。」

そう思った佐吉《さきち》は、藤野《ふじの》の提案《ていあん》を受け入れることにしたのです。

それから一か月後の一九一〇（明治《めいじ》四十三）年五月、四十三歳《さい》の佐吉《さきち》はアメリカへと旅立ちます。

アメリカでは、何から何までおどろきの連続《れんぞく》でした。大きな蒸気機関《じょうききかん》車《しゃ》が風のようにかけぬけ、町には見上げると首が痛《いた》くなるような高いビルが立ちならんでいます。外灯《がいとう》がガス灯《とう》ではなく、電灯《でんとう》だったことも、大きなおどろきでした。機械《きかい》好《ず》き、発明好《ず》きの佐吉《さきち》にとって、見るものすべてが宝物《たからもの》のように思えるのです。

「この機械《きかい》はいったい、どんなしくみになっとるのかね。」

「この歯車は、どんな働《はたら》きをしているのかな?」

かたっぱしから質問《しつもん》ぜめです。そうした数々《かずかず》のおどろきと発見の中で、佐吉《さきち》がもっとも強く心を打たれたのは、町中をさっそうと走り回る自動車のすがたでした。

「これはすごい。これからは自動車の時代だ。日本にもきっと、自動車の時代がやってくるにちがいない。」

日本であれた生活をしていた佐吉《さきち》の目に、かがやきがもどりました。

「よしっ、こうしちゃおれん。何だかつぎつぎに、発明のアイデアがわいてきたぞ。」

この佐吉《さきち》のおどろきが、のちに喜一郎《きいちろう》と自動車を結《むす》びつけるきっかけとなるのでした。

アメリカのあとヨーロッパをしさつして帰国した佐吉《さきち》は、また新しく織布《しょくふ》工場、続《つづ》いて紡績《ぼうせき》（糸をつくる）工場を設立《せつりつ》し、ふたたび理想の織《しょっ》機《き》開発にはげみました。

一方、小学生のころ、「できの悪い子ども」だった喜一郎《きいちろう》は、成長《せいちょう》するにしたがって、持ち前の実力を発揮《はっき》し始めます。

一九一七（大正六）年、喜一郎《きいちろう》は、東京帝国大学《とうきょうていこくだいがく》工学部（今の東京大《とうきょうだい》学《がく》工学部）に進学し、ひたむきに、機械《きかい》の勉強を続《つづ》けていました。

三年生になったある日のことです。友人たちと町を歩いているとき、みんなの目に一けんのりっぱなやしきが目に入りました。すると、それを見た一人の学生がこう言ったのです。

「こんなすごい家にすんでいるのは、けしからん。こんなぜいたくをするやつがいるから、まずしいものがつらい思いをするのだ。」

すると、いっしょにいた友人たちも、口々《くちぐち》に「そうだ。」とさわぎ始めました。そんな中で一人だけ、「その考え方はおかしい。」と反論《はんろん》するものがいました。喜一郎《きいちろう》です。

「それはちがうよ。この家だって、何の努力《どりょく》もしないで建《た》ったものではないだろう。このりっぱなやしきは、ここにすんでいる人が、たいへんな努力《どりょく》をして建《た》てた家なのかもしれないじゃないか。」

そのことばを聞いて、学生たちは喜一郎《きいちろう》の顔を、まじまじと見つめます。

「おまえ、おとなしいばかりだと思っていたのに、いつからそんなに、自分の考えをはっきりと言うようになったんだ。」

喜一郎《きいちろう》は、父の佐吉《さきち》が血の出るような努力《どりょく》を重ね、さらにたび重なる苦難《くなん》を乗りこえてようやく、人からそんけいされるような発明家になっていったことを知っています。ですから、成功《せいこう》した者＝ぜいたくをしている者、と決めつける考え方にはさんせいできなかったのでしょう。引っこみじあんで、自分の考えを口にすることのできない喜一郎《きいちろう》は、こうして少しずつ変《か》わっていったのです。

喜一郎《きいちろう》は、考え方の面だけではなく、能力《のうりょく》の面でも実力を見せ始めます。

三年生のとき、関西《かんさい》のある会社の工場で、実習がありました。そこにあった一台の複雑《ふくざつ》な機械《きかい》を見て、喜一郎《きいちろう》は好奇心《こうきしん》にかられます。

「この機械《きかい》って、いったいどんなしくみになっているんだろう。」

そう思うと、もうじっとしていられません。喜一郎《きいちろう》はその機械《きかい》の前に立つと、あれよあれよという間に、どんどん分解《ぶんかい》してしまったのです。

「おい、喜一郎《きいちろう》。そんなにバラバラにしたら、あとでもとにもどせなくなるぞ。」

「そうだぞ。こんな複雑《ふくざつ》な機械《きかい》、おれだったらとっくにお手上げだ。」

まわりにいた友だちはみんな、青い顔をして、だれか来ないかとあたりをキョロキョロ見回しています。そんな中で喜一郎《きいちろう》本人は、

「なあに、だいじょうぶさ。」

と、すずしい顔で答え、みんなの目の前で、その複雑《ふくざつ》な機械《きかい》をあっさりと、もとどおりに組み立ててしまったのです。

「すごいな、喜一郎《きいちろう》。部品の位置《いち》をすべて覚《おぼ》えていたのか？」

「いや、機械《きかい》のしくみがわかれば、もとにもどすのはわけないことなんだ。」

けろっとした顔でそう言ってのける喜一郎《きいちろう》は、しだいにまわりから信《しん》頼《らい》されるようになっていきました。

喜一郎《きいちろう》は、いずれは父の目標《もくひょう》としている「自動織機《じどうしょっき》」の生産《せいさん》に取り組もうと考えていました。そのために工学部に入り、機械《きかい》の勉強を続《つづ》けてきたのですから。

大学には、「卒業論文《そつぎょうろんぶん》」というものがあります。これは、大学で学んできたことを、研究の成果《せいか》として、論文《ろんぶん》にまとめるものです。喜一郎《きいちろう》は、そのテーマを「紡績工場《ぼうせきこうじょう》」に関係《かんけい》した内容《ないよう》にしました。これは、佐吉《さきち》に向けて書いた論文《ろんぶん》であるとも言われています。

この論文《ろんぶん》を読んだ佐吉《さきち》は、ある思いを胸《むね》にいだきました。

卒業《そつぎょう》も近づいたある日のことです。佐吉《さきち》は、喜一郎《きいちろう》に向かってこう言いました。

「なあ、喜一郎《きいちろう》。おまえ、もう一度帝大《ていだい》に行かんか。こんどは法学部《ほうがくぶ》に入って、法律《ほうりつ》や経済《けいざい》の勉強をしてみる気はないか。」

いったい、どういうことでしょう。工学部に入って機械《きかい》の勉強をし、そこをじきに卒業《そつぎょう》する喜一郎《きいちろう》に、どうしてそんなことを言ったのでしょうか。このとき佐吉《さきち》は、心の中でこう思っていました。

（わしは喜一郎《きいちろう》には、たいした期待もしていなかった。その喜一郎《きいちろう》が、こんなりっぱな論文《ろんぶん》を書くようになった。よし、こいつに、わしのあとをつがせよう。）

喜一郎《きいちろう》に対して、ずっときびしい態度《たいど》をとり続《つづ》けてきた佐吉《さきち》でしたが、ついに喜一郎《きいちろう》の努力《どりょく》と能力《のうりょく》をみとめたのです。

「しっかりと法律《ほうりつ》や経済《けいざい》などの勉強をしてこい。しょうらいにそなえて、はば広い知識《ちしき》を身につけるんだ。」

そんな佐吉《さきち》のことばに、喜一郎《きいちろう》の胸《むね》は熱《あつ》くなりました。

（父さんは、ようやくぼくのことをみとめてくれたんだ。）

こうして喜一郎《きいちろう》は工学部を卒業《そつぎょう》したあと法学部《ほうがくぶ》に入り、経営《けいえい》に必要《ひつよう》なさまざまな知識《ちしき》を身につけていくのでした。

六 まだ早い

一九二一（大正十）年、喜一郎《きいちろう》は佐吉《さきち》の経営《けいえい》する豊田紡織株式会社《とよだぼうしょくかぶしきがいしゃ》に入社しました。佐吉《さきち》は喜一郎《きいちろう》に、ここで紡績《ぼうせき》の仕事をしっかり学んでほしいと思っていたのです。

入社三か月目に喜一郎《きいちろう》は、妹の愛子《あいこ》、その夫《おっと》である利三郎《りさぶろう》と共《とも》に、アメリカやヨーロッパのしさつにはけんされました。ただしこれは、「紡《ぼう》績業《せきぎょう》」の研究をするためのしさつです。一行はイギリスにわたったあと、喜一郎《きいちろう》だけが別行動《べつこうどう》をとることになりました。あくまでも「機械《きかい》」に興《きょう》味《み》のある喜一郎《きいちろう》は、紡織機《ぼうしょくき》工場で機械《きかい》について多くのことを学びたかったのです。

「ふーん、この機械《きかい》は動きがなめらかだな。」

「ここは、どんなしくみなんだろう。」

一か月近くの間、毎朝八時半に出勤《しゅっきん》して、工場の閉《し》まる五時までみっちり見学します。そのあと、下宿にもどって夜おそくまで勉強や研究を続《つづ》けました。毎日通う工場の行き帰りで、いやでも目に入ってくるのが、広い道路を自由自在《じゆうじざい》に走る自動車です。

「そういえば、父さんはアメリカから帰ってきたとき、『自分も自動車をつくりたい』と言っていた。これを見たらそう思うのも無理《むり》はないな。」

このときは、なにげなくそう思うだけの喜一郎《きいちろう》でした。

翌年《よくねん》の四月、日本に帰ってきた喜一郎《きいちろう》は、佐吉《さきち》と同じように、機械《きかい》の発明をしたいと強く思うようになりました。アメリカやヨーロッパをしさつして、数々《かずかず》のすぐれた機械《きかい》を見てきたためです。そんな喜一郎《きいちろう》を見て、佐吉《さきち》は言いました。

「おまえも、わしのような発明をしたいと思っているようだが、そんなにかんたんなものではないぞ。」

「わかっています。でもぼくは、お父さんのようなりっぱな発明家になりたいのです。」

「だから、まず足もとをかためろと言うのだ。発明をするには金がかかる。その金はどこから出てくる？　会社の利益《りえき》からだ。会社がしっかりしていなければ、発明をしたくても、その元手というものがない。」

けれど、喜一郎《きいちろう》は引き下がりません。

「でもお父さんは、何もないところから、発明を始めたじゃありませんか。わが家にお金なんか、ちっともなかったときから。」

「ばかもん！」

佐吉《さきち》の声があらくなりました。

「時代がちがう。それに、わしはおまえたちにつらい思いをさせた。めしもろくに食わせてやれなかった。おまえは自分と同じ思いを、いつか生まれてくる自分の子どもにさせたいのか。」

こう言われては、返すことばもありません。

「いいか、喜一郎《きいちろう》。いずれ発明はできる。そのために今は、今は会社の経営《けいえい》や、糸の製造《せいぞう》に力を入れるんだ。急いじゃいかん。」

「……わかりました。今は、紡績《ぼうせき》の仕事に集中します。」

佐吉《さきち》のことばから喜一郎《きいちろう》は、自分に対する強い愛情《あいじょう》を感じ取りました。その日から喜一郎《きいちろう》は、紡績《ぼうせき》の仕事に熱心《ねっしん》に取り組むようになりました。

とは言っても、もって生まれた発明好《ず》きの性格《せいかく》が、そうあっさりと変《か》わるわけもありません。

ある日、喜一郎《きいちろう》は、佐吉《さきち》のいないすきに、こっそり自動織機《じどうしょっき》の設計図《せっけいず》をかいていました。

「うーん、なるほど。」

いきなり背中《せなか》で声がしました。おどろいてふり返った喜一郎《きいちろう》の目にうつったのは、なんと、そこにいないと思っていた父の佐吉《さきち》でした。

（しまった、見つかった！）

大きな声でどなられると思った喜一郎《きいちろう》は、体を小さくして、その場にかたまってしまいました。

「ほう、なかなかおもしろそうな設計《せっけい》だな。」

父の意外なことばでした。

「おまえもやっぱり、そういうことが好《す》きなんだな。よしっ、そんなに自動織機《じどうしょっき》の研究がしたいなら、がんばってやってみろ。会社もだいぶ安定してきたしな。」

信《しん》じられない気持ちで喜一郎《きいちろう》は、いすから立ち上がります。

「本当ですか、お父さん。ぼく、せいいっぱいやってみます。」

「うむ。だがな、本業である紡績《ぼうせき》の仕事をおろそかにしてはいかんぞ。それが守れるのなら、思い切ってやってみなさい。」

「はいっ。」

このとき喜一郎《きいちろう》は、佐吉《さきち》から初《はじ》めて本当の一人前とみとめられたのです。


それから間もない一九二三（大正十二）年九月一日のことでした。関東地方《かんとうちほう》をマグニチュード七・九の巨大地震《きょだいじしん》がおそいました。関東大震災《かんとうだいしんさい》です。この地震《じしん》によって、東京《とうきょう》はもちろん、神奈川《かながわ》、千葉《ちば》、埼玉《さいたま》、茨城《いばらき》、静岡《しずおか》と、広いはんいに大きな被害《ひがい》が出ました。はげしいゆれで建物《たてもの》はかいされ、ちょうどお昼どきだったことから台所で火を使っている家庭がたくさんありました。その結果《けっか》、大火災《だいかさい》が発生し、東京《とうきょう》を中心に一面火の海になったのです。また海岸の近くでは津波《つなみ》も発生し、百九十万人が被災《ひさい》。十万人以上《いじょう》の死者・行方不明者《ゆくえふめいしゃ》を出す、大災害《だいさいがい》でした。

その東京《とうきょう》に、喜一郎《きいちろう》がいたのです。

「東京《とうきょう》は火の海だそうだ。キーさんは無事《ぶじ》なのか⁉」

〝キーさん〟というのは、喜一郎《きいちろう》の社内でのニックネームです。けれど、電話は通じない、線路はズタズタにされて電車も走れない。どうしても、喜一郎《きいちろう》と連絡《れんらく》が取れないのです。名古屋《なごや》にある豊田紡織《とよだぼうしょく》は、社員を東京《とうきょう》に行かせて、喜一郎《きいちろう》の無事《ぶじ》をたしかめようとしましたが、何日たっても見つけることができません。

「おくさん。万が一のことを覚悟《かくご》しておいてください。」

前の年に結婚《けっこん》し、二か月後には子どもも生まれる妻《つま》の二十子《はたこ》は、泣《な》きだしたいのを必死《ひっし》にこらえていました。そのときです。

「帰ってきたぞ。キーさんが、無事《ぶじ》に帰ってきたぞ!」

ボロボロになった服を着て、喜一郎《きいちろう》が帰ってきたのです。その第一声は、こんなことばでした。

「やっぱり自動車だ。こういうときに役に立つのが自動車なんだ！」

当時、人びとが移動《いどう》する手段《しゅだん》は、鉄道か市電でした。それが使えなくなってしまったことにより、移動《いどう》ができないだけでなく、水や食料《しょくりょう》などの救援物資《きゅうえんぶっし》もとどきませんでした。日本の首都機能《しゅときのう》が、完全《かんせん》にマヒしてしまったのです。

「こんなとき、アメリカのように自動車が普及《ふきゅう》していれば。」

この震災《しんさい》を自身の体で体験《たいけん》した喜一郎《きいちろう》は、強く強くそう思うのでした。

この震災《しんさい》の翌年《よくねん》、東京市《とうきょうし》（今の東京都《とうきょうと》）は大急ぎでアメリカのフォード社から、車のシャーシ（骨組《ほねぐ》み）だけ八百台分を輸入《ゆにゅう》し、それにかんたんなボディを取りつけてバスとして運行しました。また、震災復興《しんさいふっこう》の

▲円太郎バス

関東大震災《かんとうだいしんさい》のあと、東京市電気局が導入《どうにゅう》、運行したバスは、人びとから「円太郎《えんたろう》バス」とよばれて親しまれた。　日本バス協会提供ために、トラックが大量《たいりょう》に輸入《ゆにゅう》され、それまで「金持ちのぜいたく品」と見向きもされなかった自動車が実用的《じつようてき》だとみとめられ、一気に注目されるようになったのです。

そしてこの年、佐吉《さきち》と喜一郎《きいちろう》親子が力を合わせてつくり上げた、すばらしい発明品が誕生《たんじょう》します。それが、「G型織機《ジーがたしょっき》」です。これは佐吉《さきち》が長い間、追《お》い求《もと》めてきた「完全《かんぜん》な自動織機《じどうしょっき》」で、その性能《せいのう》は当時、世界一と言われました。この織機《しょっき》は、一人の作業者が、最大《さいだい》五十台まで同時に運転することができ、それまでの織機《しょっき》とはくらべものにならないほどの高い能率《のうりつ》をほこりました。世界の繊維《せんい》業界を大きく変《か》えるすぐれた機械《きかい》として、その名をとどろかせたのです。そしてこれが、最初《さいしょ》で最後《さいご》の親子による発明となりました。

けれど、このすばらしい発明が生まれた一方で、紡績業《ぼうせききぎょう》はおとろえる一方でした。世界中の景気《けいき》が悪くなり、それにくわえて、電機《でんき》、航空機《こうくうき》などの重化学工業が世界経済《けいざい》の中心になりつつあったからです。

「紡績業《ぼうせきぎょう》と織機《しょっき》の製造《せいぞう》だけでは、とてもやっていけない。このまま続《つづ》けていても、会社の売り上げはどんどん落ちてしまう。何か、新しい事業を起こさなければ。」

新しい事業……。それはいったい、何を指すのでしょうか。

七 回ったエンジン

一九二六（大正十五）年、佐吉《さきち》は豊田自動織機製作所《とよだじどうしょっきせいさくしょ》を設立《せつりつ》し、常務取締役《じょうむとりしまりやく》に、まだ若《わか》い三十二歳《さい》の喜一郎《きいちろう》を任命《にんめい》します。社長は、喜一郎《きいちろう》といっしょに海外しさつをした、豊田利三郎《とよだりさぶろう》でした。その利三郎《りさぶろう》に向かって喜《き》一郎《いちろう》が言いました。

「社長、じつはわが社の技術《ぎじゅつ》で、いずれ自動車をつくってみたいと思っているのですが。」

するとそれを聞いた利三郎《りさぶろう》は、冷《さ》めた目でこう言いました。

「日本で自動車をつくるだと？　無理《むり》だ、無理《むり》だ。日本とアメリカじゃ、何から何まで差《さ》がありすぎる。」

そのことばに喜一郎《きいちろう》は、じっとだまりこんでしまいました。たしかに、当時のアメリカと日本では、くらべものにならないほど、国の力に差《さ》がありました。

(たしかにそうだな。でも、いつかは……。)

その思いを胸《むね》のおくに、深く、静《しず》かにしまいこむ喜一郎《きいちろう》でした。

翌《よく》一九二七(昭和二)年、佐吉《さきち》は国から〝勲《くん》三等瑞宝章《ずいほうしょう》〟という勲章《くんしょう》を授与《じゅよ》されました。これはもちろん、佐吉《さきち》が日本の紡織産業《ぼうしょくさんぎょう》の発展《はってん》につくしたからです。

そのお祝《いわ》いの席《せき》で、佐吉《さきち》は上きげんで言いました。

「いいか喜一郎《きいちろう》。子が親の仕事をつぐというのは、いかにもつまらないではないか。」

喜一郎《きいちろう》は、正座《せいざ》をして父の方に向き直ります。

「わしは織機《しょっき》を発明し、こうやって勲章《くんしょう》までいただいた。おまえは、何かわしとは別の仕事をしろ。それは自動車だと、わしは思っとる。」

そのことばを聞いた喜一郎《きいちろう》は、おだやかな表情《ひょうじょう》と静《しず》かな口調で、

「自動車ですか。それにはぼくも興味《きょうみ》をもっています。ですが、今の日本では、まだまだ無理《むり》でしょう。」

と、答えました。どうしてもっと、力強く答えなかったのでしょう。どうしてもっと、喜んだ顔をしてあげられなかったのでしょう。それは、喜一郎《きいちろう》が、目の前の現実《げんじつ》を見ていたからです。

（たしかに、自動車はつくりたい。けれど、今は本業である紡織《ぼうしょく》と、織機《しょっき》の製造《せいぞう》で手いっぱいだ。自動車づくりは、まだまだ先のことだろう。）

喜一郎《きいちろう》は、そう思っていたのです。

当時の日本で、自動車を見かけることはめったにありませんでした。都心で外国製《せい》のバスをたまに見かけることがある。そんなていどにしか

普及《ふきゅう》していなかったこの時代に、日本人が自分たちの手で自動車をつくるなんて、はるか遠くの話だと、喜一郎《きいちろう》自身も思っていたのです。けれど、佐吉《さきち》は言いました。

「なあ、喜一郎《きいちろう》。子どもは親を乗りこえていくものだ。親がつくったものの上に乗っかって、同じことをしていくのは実につまらんことだ。」

お酒を飲んで、いい気持ちになった佐吉《さきち》は、自分の人生を思い出すかのように、そう言いました。大工だった父の仕事をつがず、自分自身の努力《どりょく》で世界を動かすような仕事をしてきた佐吉《さきち》。そのことばは、言いようのない迫力《はくりょく》に満《み》ちていました。

アメリカから帰ってきたとき、佐吉《さきち》は何かというと、「これからは自動車の時代だ。」「日本も日本人の手で、りっぱな自動車をつくれるようにならなくてはダメだ。」と、口にしていました。

日本に初《はじ》めて自動車が登場したのは、一八九八（明治《めいじ》三十一）年のことです。このころの日本で「車」といえば、大八車《だいはちぐるま》や人力車、そして馬車のことを指しました。自転車でさえ、数年前に国産《こくさん》第一号ができたばかりの時代です。そんな時代に、ひとりでに動く車を見た人びとのおどろきは、どれほど大きかったことでしょう。

その後、一九〇四（明治《めいじ》三十七）年に日本車第一号といわれる「蒸気《じょうき》自動車」が製作《せいさく》されましたが、いずれもまだ実験的《じっけんてき》な段階《だんかい》でした。普通《ふつう》の人が自分で自動車を買うなどというのはとんでもないことで、町でバス以外《いがい》の自動車を見かけることも、ほとんどありませんでした。

今、佐吉《さきち》のお祝《いわ》いをしている一九二七（昭和二）年でさえ、それと似《に》たような状態《じょうたい》だったのです。

ですから喜一郎《きいちろう》が、「お父さんはぼくに、『おまえは自動車をつくれ』と言っている。ぼくもそうしたい。けれど今は、世界中が不景気《ふけいき》だ。とてもそんなお金はない。実現《じつげん》するのは、まだまだずっと先になるな。」

と考えるのも無理《むり》はなかったのです。

ところがある日、思いがけない話が、喜一郎《きいちろう》と佐吉《さきち》のもとに飛《と》びこんできました。イギリスの大手織機《しょっき》会社であるプラット社が、「G型自動織機《ジーがたじどうしょっき》」の特許権《とっきょけん》を十万ポンド（当時の百万円。現在《げんざい》の日本円で数十億《おく》円）で、売ってほしいと言ってきたのです。喜一郎《きいちろう》親子で開発したG型自動《ジーがたじどう》織機《しょっき》は、当時、海外でも「すばらしい機械《きかい》だ。」と、評判《ひょうばん》になっていました。

「今が自動車の開発に取り組むチャンスだ。プラット社とけいやくしよう。」

こうして佐吉《さきち》と喜一郎《きいちろう》は、このけいやくにサインをします。これで、自動車づくりへの第一歩がふみ出せることになりました。

けれどこのころ、世の中の景気《けいき》はいっそう悪くなり、豊田《とよだ》じまんの自動織機《じどうしょっき》の販売《はんばい》台数も、前の年の三分の一にまで落ちこんでいました。

「こうなったら一日も早く、新しい事業を始めなくてはだめだ。」

その〝新しい事業〟というのが、自動車の製造《せいぞう》であることは、言うまでもありません。

その許《ゆる》しをもらおうと、喜一郎《きいちろう》は佐吉《さきち》のもとに向かいました。

「おお、喜一郎《きいちろう》か。よく来たな。」

そう言って佐吉《さきち》は、ふとんの上で体を起こそうとします。

「いいんです、父さん。横になったままでいいから、ぼくの話を聞いてください。」

このころの佐吉《さきち》は、体の調子をくずして、ねこむことが多くなっていました。というよりも、プラット社とのけいやく時点ですでに、会話も不自由《ふじゆう》になっていたのです。

「父さん。以前《いぜん》、海外に行ったとき、アメリカでもヨーロッパでも、たくさんの自動車が走っているのをぼくは見てきました。」

喜一郎《きいちろう》のことばに、佐吉《さきち》は力なく、かすれる声で答えます。

「そうか。日本の自動車は、お前がつくれ。」

「はい。そのために、プラット社とのけいやく金の一部を、自動車づくりのために使いたいのですが。」

そう言って、父の返事を待ちます。佐吉《さきち》は少しの間考え、そしてこう言いました。

「だめだ。」

喜一郎《きいちろう》は、がっかりしました。やはり今の会社の状態《じょうたい》では、自動車づくりに資金《しきん》を回すよゆうはないのかと、そう思ったのです。しかし、佐《さ》吉《きち》のことばには、まだ続《つづ》きがありました。

「けいやく金の一部を使うだけではだめだ。それでは、思うような研究はできまい。いいか、全額《ぜんがく》、自動車の研究に使うんだ。そのかわり、ぜったいに成功《せいこう》させるんだぞ。」

「わかりました。きっとやりとげてみせます。」

思ってもいなかった父のことば。喜一郎《きいちろう》はやせた佐吉《さきち》の手をしっかりとにぎりしめました。

喜一郎《きいちろう》はさっそく、工場のかたすみに自動車の研究室をつくり、ほんの数名の社員と共《とも》に、自動車づくりの第一歩をふみ出しました。この小さな研究室が、のちに世界一の自動車メーカーになる、トヨタ自動車のスタート地点だったのです。

ここで喜一郎《きいちろう》たちは、アメリカ製《せい》の小型《こがた》エンジンを分解《ぶんかい》し、それを参《さん》考《こう》にして自分たちの手でエンジンをつくり始めました。

「エンジンって、こんなにたくさんの部品があるのか。」

「これって、何の役目をしているんだろう。」

わからないことだらけの作業でしたが、それでも前に進むしかありません。苦労《くろう》に苦労《くろう》を重ねて、ようやくできあがったのが、わずか四馬力

№.31

の小さなエンジンでした。

「いいか、かけるぞ。」

いのるような気持ちでスイッチを入れます。すると、手製《てせい》のエンジンは、ブルルルと軽《かろ》やかな音を立てて回りだしました。

「やった。回ったぞ!」

喜一郎《きいちろう》が、喜《よろこ》びで顔をくしゃくしゃにし、大きな声をあげました。そのすがたを見て、研究室のメンバーたちは、そろって目を丸くしました。たがいに顔を見合わせました。いつもは冷静《れいせい》で、めったに表情《ひょうじょう》を変《か》えない喜一郎《きいちろう》が、まるで子どものように喜《よろこ》んだのです。

その日、喜一郎《きいちろう》はとぶようにして、佐吉《さきち》のもとへかけつけました。二人の夢《ゆめ》が実現《じつげん》に近づいたことを、いっこくも早く知らせたかったのです。

「お父さん、回りましたよ。ぼくのつくったエンジンが回ったんです。」

ふとんに横たわり、目をつむったままの佐吉《さきち》に、喜一郎《きいちろう》は大声で報告《ほうこく》をしました。しかし、佐吉《さきち》は何も答えてくれません。その年の十月三十日。豊田佐吉《とよださきち》はこの世を去りました。六十三年の生涯《しょうがい》でした。それは、喜一郎《きいちろう》がエンジンの実験《じっけん》に成功《せいこう》した、わずか二週間後のことでした。

八 トヨタのトラック

喜一郎《きいちろう》が、父・佐吉《さきち》との約束《やくそく》をやぶったのは、佐吉《さきち》がこの世を去って、まもなくのことでした。「プラット社とのけいやく金は全額《ぜんがく》、自動車の研究に使う」という約束《やくそく》をやぶったのです。

一九三一（昭和六）年二月十七日づけの名古屋毎日新聞《なごやまいにちしんぶん》の見出しはこうでした。『発明王の百ケ日《ひゃっかにち》に二五万円を投げ出す』。

つまり喜一郎《きいちろう》は、佐吉《さきち》の百か日法要《ほうよう》*として、百万円のうち、一時金として受けとっていた二十五万円を、佐吉《さきち》と共《とも》に苦労《くろう》した人びとや、会社の従業員《じゅうぎょういん》に配ったのです。これによって会社の関係者《かんけいしゃ》たちは、喜一郎《きいちろう》の心の広さを感じ、ますます仕事にはげむようになっていきました。

＊百か日法要《ほうよう》　人が亡《な》くなってから100日目に、亡《な》くなった人の幸福をいのって行う仏教《ぶっきょう》の儀式《ぎしき》。

一九三三（昭和八）年九月、喜一郎《きいちろう》は豊田自動織機製作所《とよだじどうしょっきせいさくしょ》の中に自動車部をつくり、さらに十二月、取締役員会《とりしまりやくいんかい》で正式に自動車部を設立《せつりつ》するよう、提案《ていあん》しました。

「挙母《ころも》（愛知県挙母町《あいちけんころもちょう》。今の豊田市《とよたし》）に自動車工場を建《た》てる？」

役員たちは、顔を見合わせます。

「それで、予算はどれくらいなんです？」

役員の質問《しつもん》に、喜一郎《きいちろう》が答えます。

「二百万円です。」

そのことばに、ドッとおどろきの声があがりました。当時の二百万円といえば、現在《げんざい》の百億《おく》円近い、とんでもない大金です。

「じょうだんじゃない。そんな予算がみとめられるわけないでしょう。」

「常務《じょうむ》は、会社をつぶす気ですか！」

全員が大反対でした。けれど、喜一郎《きいちろう》は負けません。

「自動織機《じどうしょっき》の売り上げで、それぐらいはかせいだはずです。それに繊維《せんい》業界は、もう将来性《しょうらいせい》がありません。これからの日本を支《ささ》えていくのは、自動車なんです。」

熱《ねっ》のこもった喜一郎《きいちろう》の説得《せっとく》にも、役員たちは首をたてにふろうとはしません。

「まったく、話にならん。社長も何とか言ってやってくださいよ。」

それまでじっとだまって聞いていた、社長の豊田利三郎《とよだりさぶろう》がいすから立ち上がって、こう言いました。

「私も自動車には期待している。自動車部の設立《せつりつ》にさんせいだ。」

ふたたび、どよめきが起きました。まさか社長がさんせいするとは、だれも思っていなかったからです。利三郎《りさぶろう》は、なおも話を続けます。

「政府《せいふ》には国産《こくさん》自動車づくりをおし進めようとする計画があるらしい。

それも、許可制《きょかせい》にするらしいのだ。」

「ということは、その許可《きょか》が取れれば、大量《たいりょう》の注文がまいこむ……。」

「そうだ。だから私《わたし》は、自動車部の設立《せつりつ》をみとめようと思う。反対の意見はあるかね。」

社長にこうまで言われては、反対できる者などいるわけがありません。

以前《いぜん》、喜一郎《きいちろう》が本気で自動車づくりを考えていると打ち明けたとき、利三郎《りさぶろう》は大反対をしました。そのとき利三郎《りさぶろう》は喜一郎《きいちろう》に向かって、こう言ったのです。

「これまでは、おまえのたんなる道楽だと思ってだまっていたが、本気でやるとなったら話は別《べつ》だ。三菱《みつびし》のような大財閥《だいざいばつ》*でさえ手に負えなかった自動車に、豊田《とよだ》のようないなか財閥《ざいばつ》が手を出したら、本業の紡績《ぼうせき》までできなくなってしまう。おまえは、豊田《とよだ》をつぶすつもりか。」

「いや、ちがう。そんな目先のことばかり考えていてはダメなんだ。もっ

*財閥《ざいばつ》　家族や一族によって支配《しはい》された、いろいろな分野の会社からなるグループ。

と日本の将来《しょうらい》のことを考えてほしいんだよ。」

と、いくら話し合っても、意見はかみあいません。それを見かねた愛子《あいこ》が、とうとう二人の中に割《わ》って入りました。

「あなた、どうか、喜一郎《きいちろう》兄さんの夢《ゆめ》をかなえてあげてください。自動車づくりは兄さんの夢《ゆめ》であり、お父さんの夢《ゆめ》でもあるんです。お願《ねが》いします。」

ふだん、仕事のことに口を出すことのなかった愛子《あいこ》が、なみだながらにうったえるのです。

自動車づくりには、たいへんなお金がかかります。社長として豊田《とよだ》をあずかる利三郎《りさぶろう》としては、できれば地道にコツコツと会社を成長《せいちょう》させていきたいと思っていました。けれど、愛子《あいこ》の必死《ひっし》なすがたを見て、ついに協力《きょうりょく》することを約束《やくそく》。こうして一九三四（昭和九）年一月、豊田《とよだ》は正式に自動車事業に進出したのです。

このころの決心について、喜一郎《きいちろう》はノートに、こう書いています。

「困難《こんなん》だからやるのだ。できなくてたおれたら、自分の力が足りないのだから、いさぎよく腹《はら》を切るのだ。」


それからの喜一郎《きいちろう》は、仕事以外《いがい》のことにはいっさいわき目もふらず働《はたら》きました。もともと喜一郎《きいちろう》は、世間話などはほとんどしない性格《せいかく》で、服《ふく》装《そう》などどうでもよく、旅行などに行くと、ヒゲはのびほうだい。ズボンのひざは丸く出て、一週間くらいふろに入らなくても気にしないような人物でした。

そんな仕事人間の喜一郎《きいちろう》が、さらに仕事にのめりこみ、部下と共《とも》にわずか一年で、試作車《しさくしゃ》である乗用車「A1型《エーワンがた》」をつくり上げたのです。

その日は、A1型《エーワンがた》のテスト走行の日でした。

「たのむぞ。ちゃんと走ってくれよ。」

「だいじょうぶ。きっと走るさ。」

部下たちはいのるような目で、A1型《エーワンがた》を見つめます。

ブルルル……。

少したよりない音を立てながらも、エンジンがかかります。そして、ゆっくりと走りだすA1型《エーワンがた》。

「やった、走ったぞ！」

「おれたちの努力《どりょく》はむだじゃなかったんだ！」

部下たちは、かたをたたきあって、大喜《おおよろこ》びです。

「やりましたね、喜一郎《きいちろう》さん。ちゃんと走ってますよ。」

けれど、喜一郎《きいちろう》に笑顔《えがお》はありませんでした。

「これじゃダメだ。」

一瞬《いっしゅん》、あたりがシーンと静《しず》まりかえります。

「ど、どうしてですか？　こんなにしっかり走ってるじゃないですか。」

「走ったといっても、部品はほとんどアメリカのものだ。すべての部品をわれわれの手でつくらなければ、本当の成功《せいこう》とはいえないんだよ。」

自動車の部品は、二万点以上《いじょう》といわれています。それをすべて、自分たちの手で開発するなどということはぜったいに無理《むり》だと、部下のだれもが思っていました。そして、そう思っていたのは、部下たちだけではありませんでした。豊田紡織監査役《とよだぼうしょくかんさやく》。のちに第三代社長となる「石田退三《いしだたいぞう》」も同じでした。喜一郎《きいちろう》よりも、六歳《さい》年上の石田《いしだ》はたいそうなけんまくで、喜一郎《きいちろう》にくってかかりました。

「もうこれ以上《いじょう》、あなたのわがままを許《ゆる》すわけにはいきません。この車一台つくるのに、いったいいくらかかったんですか。」

「五百万円です。」

あっさりと言ってのけた喜一郎《きいちろう》でしたが、それは気の遠くなるような金がくでした。それだけの開発費《かいはつひ》を使っても、一円の利益《りえき》も出ていないのですから、石田《いしだ》が大声を出したくなるのもわかります。

「自動車部は、今すぐに解散《かいさん》してください！」

「しません。解散《かいさん》なんかしたら、今までの苦労《くろう》がすべて水の泡《あわ》になってしまいます。やっとのことで、A1型《エーワンがた》までこぎつけたんです。このまま続《つづ》けさせてください。」

と、そのときです。二人のもとに、こんな情報《じょうほう》が飛《と》びこんできました。

《自動車製造事業法《せいぞうじぎょうほう》が制定《せいてい》される。》

つまり、政府《せいふ》が全面的《ぜんめんてき》に協力《きょうりょく》してくれる法律《ほうりつ》ができる、ということです。そして、もし政府《せいふ》が豊田《とよだ》を指定企業《していきぎょう》にしてくれれば、いろいろな税《ぜい》金《きん》を免除《めんじょ》してくれるというのです。

それを聞いた石田《いしだ》は、手のひらを返したように乗り気になりました。

「ふむ、これはチャンスかもしれませんな。ただし、政府《せいふ》が求《もと》めているのは軍用《ぐんよう》のトラックです。さっそくトラックの開発に取りかかってください。」

本当は、乗用車をつくりたい喜一郎《きいちろう》でしたが、そんなことを言っていては指定企業《していきぎょう》にしてもらえなくなってしまいます。つまり、税金《ぜいきん》の免除《めんじょ》がなくなってしまい、それどころか指定企業以外《していきぎょういがい》では、自動車をつくること自体が許《ゆる》されないのです。

「しかたありません。トラックを開発することにします。」

「それなら解散《かいさん》はしなくてもいいでしょう。それで開発にかかる期間は半年ぐらいですか？　それとも一年……。」

「いいえ。」

喜一郎《きいちろう》は、石田《いしだ》の目をまっすぐに見て言いました。

「三か月でつくります。」

「三か月！」

石田《いしだ》もおどろきましたが、まわりにいた部下たちは、もっとおどろきました。

「喜一郎《きいちろう》さん、いくら何でも三か月では無理《むり》ですよ。」

「いいや、ほかの会社に勝つには、これくらいの無理《むり》はしないとだめだ。」

喜一郎《きいちろう》の強い決心を目の前にした部下たちは、ただぼうぜんとするだけでした。

その日から、自動車部の社員たちは、休みも取らず、ねむる時間もおしんで働《はたら》き続《つづ》けました。そして喜一郎《きいちろう》が宣言《せんげん》したとおり、わずか三か月で試作車《しさくしゃ》を完成《かんせい》させたのです。

「間に合いましたね、喜一郎《きいちろう》さん。」

「ああ、君たちのおかげだよ。よくここまでがんばってくれた。」

喜一郎《きいちろう》をはじめとする自動車部のメンバーは、完成《かんせい》したばかりの試作《しさく》トラックを、まぶしそうに見上げるのでした。

そして十一月二十一日。Ｇ１《ジーワン》と名づけられたこのトラックの発表会が、多くの政府《せいふ》の重要《じゅうよう》人物たちを招《まね》いて開かれたのです。

さらに翌年《よくねん》の一九三六（昭和十一）年、喜一郎《きいちろう》がリーダーになり、「日本人の頭と腕《うで》でつくった」とされる量産型《りょうさんがた》（大量《たいりょう》につくられる）乗用車「トヨダＡＡ型《エーエーがた》乗用車」を完成《かんせい》させ、それをつぎつぎと販売《はんばい》したのです。

このころの自動車部では、三千人を超《こ》える社員が日夜、自動車づくりにはげんでいました。

九月に、豊田自動織機《とよだじどうしょっき》は日産《にっさん》と共《とも》に、国から「自動車製造許可会社《せいぞうきょか》」に指定されました。そして、一九三七（昭和十二）年八月、自動車部が独立《どくりつ》し、社名も「トヨダ」から「トヨタ」に変《か》わって、ついにトヨタ自動車工業が誕生《たんじょう》したのです。社長は利三郎《りさぶろう》で、喜一郎《きいちろう》は副社長《ふくしゃちょう》に就任《しゅうにん》しました。

一九三八（昭和十三年）年には、三年前に手に入れた愛知県挙母町《あいちけんころもちょう》の

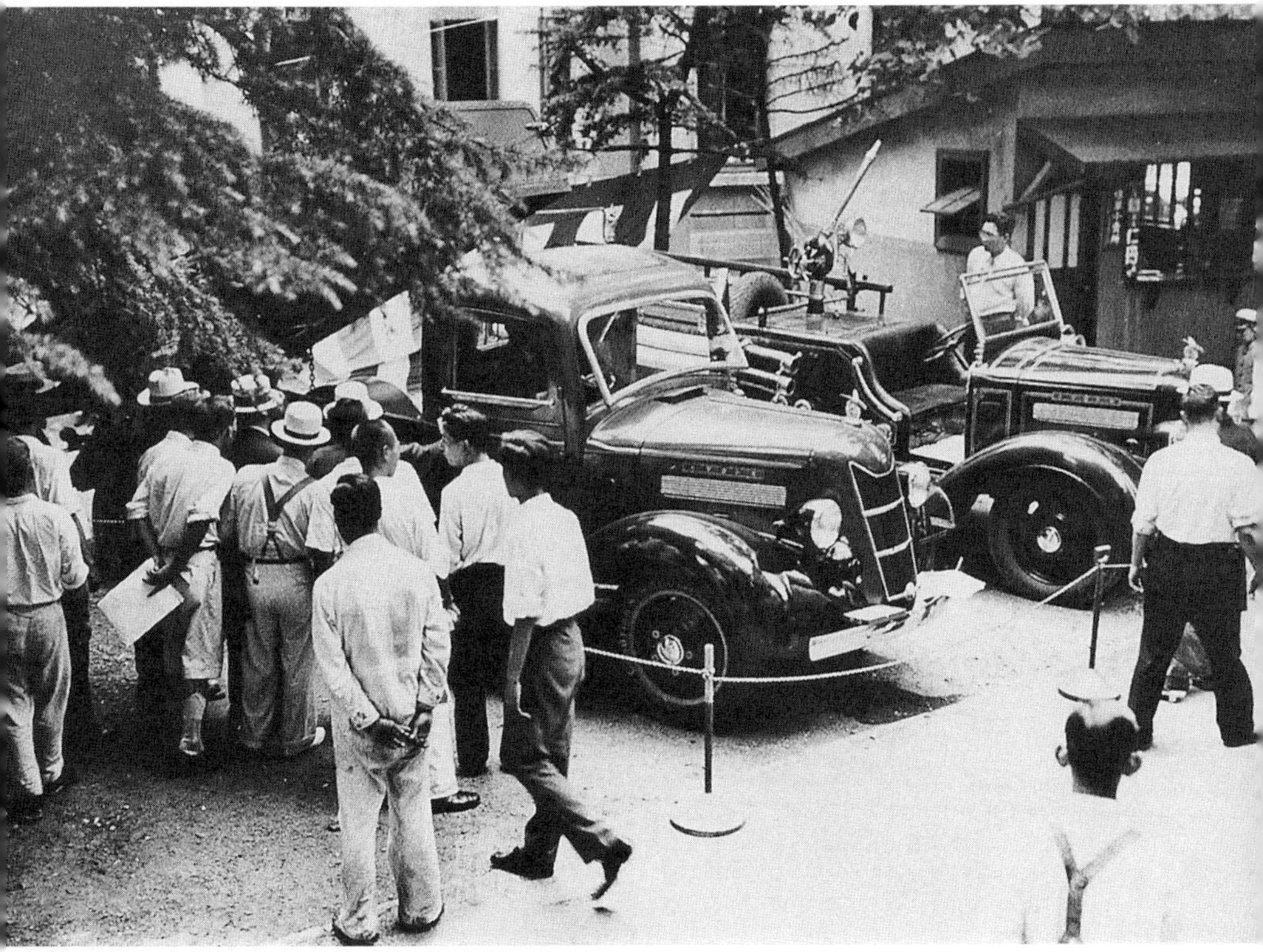

▲国産《こくさん》トヨダ大衆車完成《たいしゅうしゃかんせい》記《き》念展覧会《ねんてんらんかい》の屋外展示《てんじ》（1936 年 9 月）

六十万坪《つぼ》（東京《とうきょう》ドーム約《やく》四十二個《こ》分）の土地に、大規模《だいきぼ》で本格的《ほんかくてき》な自動車量産《りょうさん》工場（挙母《ころも》工場）が完成《かんせい》しました。

そんな中、喜一郎《きいちろう》はしきりに「ジャスト・イン・タイム」ということばを使うようになりました。工場の中を歩いていると、あちこちに、今すぐには使わない部品が置《お》かれています。これはすべて、大きなムダになります。

「必要《ひつよう》なときに必要《ひつよう》なだけつくる。つまり、組み立てようとする時間に、その部品がその場所にあること。これがジャスト・イン・タイムだ。」

このジャスト・イン・タイムについて、喜一郎《きいちろう》はつぎのように説明《せつめい》しています。

「汽車に乗るのに一分のことで乗りおくれたと言うが、一分どころか一秒だっておくれたら汽車には乗れない。ただし、私《わたし》の言うジャスト・イン・タイムとは間に合うというだけの意味ではない。よぶんなものを間に合わせてもしかたがないんだ。」

「必要《ひつよう》なものを、必要《ひつよう》なときに、必要《ひつよう》なだけ」。てっていてきにムダをなくそうとする喜一郎《きいちろう》の考え方が、このことばにあらわれているのです。

こうして喜一郎《きいちろう》の計画は、着々《ちゃくちゃく》と進んでいきました。しかし……。

九　三年でアメリカにおいつく

一九四一年（昭和十六）年十二月。アメリカ、イギリスを相手にした、太平洋戦争《せんそう》がはじまりました。

「これでは、軍用《ぐんよう》トラックしか製造《せいぞう》できず、乗用車は後回しになるな。しかたない。今はたえるときだ。」

この年、利三郎《りさぶろう》は会長にしりぞき、喜一郎《きいちろう》が社長となって、トヨタの先頭に立っていました。その喜一郎《きいちろう》が本当につくりたいのは、国産《こくさん》乗用車です。けれど軍《ぐん》から注文が来るのは、戦争《せんそう》のためのトラックばかりでした。がまんするしかない。そういう時代だったのです。

「社長、軍《ぐん》からお電話です。」

「やれやれ、またよび出しか。しかたない。どなられに行ってくるよ。」

喜一郎《きいちろう》はこのように、たびたび軍からよび出されました。きびしい顔つきの軍人《ぐんじん》は、じまんのヒゲをなでながら言いました。

「君のところのトラックは、あいかわらずこしょうが多いな。」

たしかに、このころのトラックは、こしょうだらけでした。

「それだけじゃない。このころのトヨタ・トラックは、検査《けんさ》に合格《ごうかく》しないような部品を使ったり、軍《ぐん》におさめる期日におくれたり。これじゃ、こまるんだよ。わかっているのかね。」

いつもはだまって聞いているだけの喜一郎《きいちろう》が、ある日、きっぱりとこう言い返しました。

「私《わたし》たちだって、できればこしょうの多い自動車なんか、つくりたくありません。でも、今は質《しつ》の悪い材料《ざいりょう》しか手に入りません。ですからどうしても、不良品《ふりょうひん》がたくさん出てしまうんです。こしょうのない自動車がほしければ、もっとまともな材料《ざいりょう》が手に入るようにしてください。」

その時代、軍《ぐん》に向かってこんなことを言うのは、とても勇気《ゆうき》のいることでした。へたをすると、「軍《ぐん》の命令《めいれい》にさからった」ということで、ろうやに入れられてしまうかもしれません。子どものころ、おとなしくて無口《むくち》で、引っこみじあんだった喜一郎《きいちろう》からは、考えられない行動でした。

それだけ自動車に対する思いが深く、また、社員を守ろうとする気持ちが強かったのでしょう。

「社長、すみません。私《わたし》がもっといい資材《しざい》を調達《ちょうたつ》できれば、社長がつらい思いをしなくてもすむのに。」

資材調達《しざいちょうたつ》の責任者《せきにんしゃ》は、そう言って頭を下げました。けれど喜一郎《きいちろう》は、いつものおだやかな表情《ひょうじょう》でこう言うのです。

「いいんだ。今の時代では、これがせいいっぱいなんだから、君のせいじゃない。すべて、戦争《せんそう》のせいなんだ。」

当時のアメリカと日本の自動車生産《せいさん》台数をくらべてみると、およそ百倍の差《さ》がありました。自動車のエンジンは、飛行機《ひこうき》に使うこともできますので、アメリカは日本の百倍の飛行機《ひこうき》がつくれるということになります。やっとのことでつくっているトラックにしても、資材《しざい》が足りないということで、最後《さいご》にはヘッドランプをひとつにしたり、ブレーキは後輪《こうりん》だけ、といったとんでもないものをつくらされるようになったのです。

「これほどまでに資材不足《しざいぶそく》の日本が、アメリカと戦争《せんそう》をして勝てるわけがない。こんなバカな戦争《せんそう》は、すぐにやめるべきだ。」

喜一郎《きいちろう》は、早くからこのような考えをもっていました。若《わか》いころにヨーロッパやアメリカの文明をその目でじかに見ていたことから、日本とアメリカの差《さ》を、いやというほど感じていたのでしょう。

「気にするな。われわれはできる限《かぎ》りの努力《どりょく》をしている。軍《ぐん》が何を言ってこようと、私《わたし》は平気だ。戦争《せんそう》が終わったら、必《かなら》ずりっぱな国産《こくさん》乗用車をつくってみせるさ。」

そう言って喜一郎《きいちろう》は、責任者《せきにんしゃ》のかたを、ポンとたたくのでした。

一九四四（昭和十九）年になると、挙母《ころも》工場にも、ほとんど資材《しざい》が入ってこなくなりました。つまり、自動車づくりどころではなくなってきたのです。

「こらぁ、もっと気合いを入れてほらんか！」

どなっているのは軍人《ぐんじん》で、どなられているのはトヨタの社員たちです。社員たちは、軍人《ぐんじん》にどなられながら、工場のかたすみでイモをつくらされたり、兵士《へいし》たちが身をかくすあなほりをさせられたりして、毎日を送っていました。

「大切な社員にこんなことをさせて、本当にもうしわけない。日本はまちがいなく負ける。そうなればこの挙母《ころも》工場も、おそらくアメリカに取

り上げられてしまうだろう。そして、戦争《せんそう》に力を貸《か》したということで、私《わたし》や幹部《かんぶ》たちは、処刑《しょけい》されてしまうかもしれない。」

喜一郎《きいちろう》の心は、キリキリと痛《いた》みました。長い間夢《ゆめ》見てきた、日本の道を自分たちのつくった大衆《たいしゅう》乗用車がさっそうと走るすがた。それはまぼろしに終わるかもしれない。喜一郎《きいちろう》は、ぼんやりとそんなことを考え始めていました。

一九四五（昭和二十）年八月十五日。日本は終戦《しゅうせん》をむかえました。喜《き》一郎《いちろう》が思っていたとおりの敗戦《はいせん》です。それまで一度も戦争《せんそう》に負けたことのなかった日本が負けた。日本国民《こくみん》は、言いようのないショックを味わうことになったのです。

しかしその翌日《よくじつ》、早くも副社長《ふくしゃちょう》の赤井久義《あかいひさよし》は、挙母《ころも》の本社に幹部《かんぶ》たちを集めて言いました。

「これから日本は復興《ふっこう》の道を歩くことになる。そのときに必要《ひつよう》なのは、なんと言ってもトラックだ。われわれには、トラックをつくり続《つづ》けて復《ふっ》興《こう》を支《ささ》える使命があるのだ。」

幸いなことに、トヨタの自動車工場は、アメリカによる空襲《くうしゅう》も少なく、工場全体の四分の三がすぐにも使える状態《じょうたい》でした。

ところが喜一郎《きいちろう》が本社にもどったのは、終戦《しゅうせん》から一週間ほどたってからでした。いったい喜一郎《きいちろう》は、それまでどこで何をしていたのでしょうか。

じつは東京《とうきょう》の仕事場で、これからの日本がどうなるか、自動車産業《さんぎょう》はどうかについての情報《じょうほう》を集め、考えをまとめていたのです。

喜一郎《きいちろう》は本社に着くと、すぐに幹部《かんぶ》たちを集めました。

「戦争《せんそう》が終わって、いよいよ大衆《たいしゅう》乗用車の時代が来る。みんなはすぐに、そのために研究と準備《じゅんび》を進めてくれ。」

そのことばを聞いて、幹部《かんぶ》たちはおどろきました。

「社長、今すぐ必要《ひつよう》になるのはトラックです。トラックがなくては復興《ふっこう》はできません。そんなときに、乗用車なんてむちゃですよ。」

「もちろんトラックはつくり続《つづ》ける。けれど、その先のことも同時に考えるべきだ。われわれの先にあるのは、そして日本の先にあるのは乗用車だ。大衆《たいしゅう》乗用車だよ。」

喜一郎《きいちろう》の熱《ねつ》のこもった説得《せっとく》に、幹部《かんぶ》たちは心を打たれました。

「わかりました。すぐに乗用車の研究を始めます。」

喜一郎《きいちろう》が心配していた挙母《ころも》工場が取り上げられることもなく、また、トヨタの幹部《かんぶ》たちが罪《つみ》を問われて処刑《しょけい》されることもなかったのです。

「それから、もうひとつ、やるべきことがある。」

ここで喜一郎《きいちろう》は、乗用車づくりとはまるでかけはなれた指示《しじ》を、社員たちに出しました。

「英二《えいじ》（喜一郎《きいちろう》のいとこ、第五代社長）くん。君はこれから、瀬戸物《せともの》づくりをやってくれ。」

「は⁉　瀬戸物《せともの》って、あのセトモノですか？」

「そうだ。それから章一郎《しょういちろう》（喜一郎《きいちろう》の長男）は、チクワづくり。そして君は、ドジョウの養殖《ようしょく》だ。」

この指示《しじ》に、「社長は敗戦《はいせん》で頭がおかしくなったのか」と思った者もいました。けれど、そうではありませんでした。自動車業界は、GHQ《ジーエイチキュー》（連合国軍最高司令官総司令部《れんごうこくぐんさいこうしれいかんそうしれいぶ》）から軍需産業《ぐんじゅさんぎょう》（戦争《せんそう》に協力《きょうりょく》した産業《さんぎょう》）に指定されていました。そのため、すぐには自動車の生産《せいさん》開始をみとめられないかもしれません。そうなれば、トヨタの従業員《じゅうぎょういん》とその家族は生活にもこまるだろう。GHQ《ジーエイチキュー》がぜったいに禁止《きんし》しないような仕事をやっていこうと、そこまで考えていたのです。

じっさいに鋳物《いもの》工場では、ナベやカマをつくり、ランプなど電気関係《かんけい》の部品をつくっていた工場では、電気アイロンや電気コンロをつくりました。チクワづくりを命じられた長男の章一郎《しょういちろう》は、北海道《ほっかいどう》の稚内《わっかない》という土地へ行き、チクワづくりの修業《しゅぎょう》をして、さらにチクワづくりの機械《きかい》まで考え出しました。そのままいけば、トヨタはチクワやドジョウの食品から、セトモノ、電気製品《せいひん》、住宅《じゅうたく》など、何でもつくる「何でも屋」になったかもしれません。

しかし幸いなことに九月二十五日、GHQ《ジーエイチキュー》から自動車生産《せいさん》について許可《きょか》がおり、トラックにかぎって生産《せいさん》することができるようになったのです。

このエピソードからも、喜一郎《きいちろう》の「やってやれないことはない」、「やれることは何でもやってみる」という、チャレンジ精神《せいしん》がうかがえます。

もちろん、乗用車への夢《ゆめ》も、着実に前へ進んでいました。そしてなんと、敗戦《はいせん》の翌年《よくねん》十一月には、早くも乗用車用の新型《しんがた》エンジン、「S型《エスがた》エンジン」を完成《かんせい》させたのです。終戦《しゅうせん》直後のことです。金ぞくも、その金ぞくを加工《かこう》する機械《きかい》も満足《まんぞく》にありません。それを考えると、このエンジンの完成《かんせい》は、おどろくべき早さということができるでしょう。

「三年が勝負だ。三年でアメリカに追いつくんだ！」

喜一郎《きいちろう》のこのかけ声のもと、社員たちは心をひとつにして立ち上がりました。

そして一九四七（昭和二十二）年。社員たちのけんめいな努力《どりょく》が実り、新開発の「トヨペットSA《エスエー》型《がた》乗用車」が完成《かんせい》したのです。

そのとき、喜《よろこ》びにわく研究スタッフのもとに、一本の電話がかかってきました。

「こちら、毎日新聞社です。じつは社内で、おたくの『SA《エスエー》型《がた》乗用車と急行列車のどちらが速いのか、競走《きょうそう》をさせてみよう』という企画《きかく》が持ち上がっているんですが、いかがですか？」

一瞬《いっしゅん》、部屋の中がシーンと静《しず》まりかえります。

「どうしましょうか、社長。」

喜一郎《きいちろう》はじっと腕組《うでぐ》みをしました。

「みんなはどう思う？」

「いやぁ、なんと言っても相手は急行列車でしょう？　こっちはできたてほやほやの赤んぼうみたいな自動車ですからね。勝つのは無理《むり》でしょう。」

「何を言ってるんだ。あんたは、自分たちの技術力《ぎじゅつりょく》に自信《じしん》がないのか。」

「そうだ。SA型《エスエーがた》のすぐれた性能《せいのう》を世の中にアピールする、ぜっこうのチャンスじゃないか。」

喜一郎《きいちろう》もこの考えにさんせいし、あの「世紀《せいき》の競走《きょうそう》」が実現《じつげん》したのです。そしてSA型《エスエーがた》はみごとに勝利《しょうり》をかざります。

「これで、SA型《エスエーがた》の性能《せいのう》の高さが証明《しょうめい》されたぞ。」

「この競走《きょうそう》に勝ったことは、日本の自動車産業《さんぎょう》の幕開《まくあ》けだ。」

「三年でアメリカに追いつく。その目標《もくひょう》が達成《たっせい》されたんだ。」

そう思ったスタッフも、少なくはありませんでした。

十　喜一郎《きいちろう》の夢《ゆめ》

　喜一郎《きいちろう》は、乗用車の生産《せいさん》を一気にふやします。「世紀《せいき》の競走《きょうそう》」に勝ったSA型《エスエーがた》の性能《せいのう》の高さは、だれもがみとめるものでした。しかし、さっぱり売れません。終戦《しゅうせん》間もないこの時代に、自家用車を買えるよゆうのある人など、ほとんどいません。町を走っている乗用車といえば、タクシーくらいなものだったのです。

　発売から五年の間に、SA型《エスエーがた》は合計二百台ほどしか売れませんでした。

　戦後《せんご》、日本には〝ドッジ不況《ふきょう》〟とよばれる不況《ふきょう》のあらしがふきあれ、製造業《せいぞうぎょう》を中心に千件《けん》以上《いじょう》の会社が倒産《とうさん》していました。そしてトヨタも、このままでは倒産《とうさん》するというところまで追いつめられてしまったのです。

「トヨタはトラックの会社でいればよかったんだ。」

「売れもしない乗用車の研究に、ばく大な予算を使った喜一郎《きいちろう》社長をやめさせろ！」

社員である労働組合《ろうどうくみあい》の中にも、喜一郎《きいちろう》の責任《せきにん》をついきゅうする人たちがあらわれました。

「会社がつぶれたら、われわれの生活はどうなるんだ。」

そんな社員たちの声を、喜一郎《きいちろう》はじっと聞いていたのです。

トヨタ協調融資団《きょうちょうゆうしだん》（トヨタに資金《しきん》を貸《か》すかどうかを判断《はんだん》する銀行の集まり）は、トヨタに対して、つぎのような条件《じょうけん》をつきつけてきました。

《従業員《じゅうぎょういん》二千人の解雇《かいこ》》

つまり、社員を二千人、クビにしろということです。

その二千人の人件費《じんけんひ》（支払《しはら》う給料《きゅうりょう》）をうかせて、ほかに回せというのです。この条件《じょうけん》を飲まないと、資金《しきん》は貸《か》してもらえず、トヨタは倒産《とうさん》してしまうかもしれません。

これに対して、喜一郎《きいちろう》は言いました。

「自動車は、二万点もの部品からできています。多くの下請《したう》け企業《きぎょう》、そして多くの従業員《じゅうぎょういん》なくして、自動車は一台もつくれないんです。従業員《じゅうぎょういん》は会社の宝《たから》です。せめて人員削減《さくげん》を千六百人におさえてください。そのかわりに、私《わたし》は会社を去ります。」

「社長！　何を言ってるんですか！」

横にいた幹部《かんぶ》が、喜一郎《きいちろう》の背広《せびろ》を強く引《ひ》っ張《ぱ》りました。

「お願《ねが》いします。私《わたし》の首とひきかえに、トヨタを救《すく》ってください。」

めがねのおくの目からは、大つぶのなみだがほほを伝《つた》っていました。

場内が、シーンと静《しず》まりかえります。やがてあちこちでひそひそ声が聞こえるようになってきました。そして、融資団《ゆうしだん》の中の一人が、ゆっくりと立ち上がりました。

「まあ、そこまで強いお気持ちがおありなら、融資《ゆうし》の方は何とかいたしましょう。」

そのことばに、喜一郎《きいちろう》の胸《むね》はいっそう熱《あつ》くなりました。

「ありがとうございます。ありがとうございます。」

流れ落ちるなみだは、いつまでも止まりませんでした。こうしてトヨタは、何とかピンチをのがれることができたのです。

喜一郎《きいちろう》はやくそくどおり会社をやめることにしました。そうなると急いで、つぎの社長を決めなくてはなりません。

ある日のこと、もと社長であった豊田利三郎《とよだりさぶろう》の自宅《じたく》に、あの石田退三《いしだたいぞう》がよび出されました。以前《いぜん》、喜一郎《きいちろう》にトラックの製造《せいぞう》を指示《しじ》した石田《いしだ》です。利三郎《りさぶろう》の家には、喜一郎《きいちろう》も同席《どうせき》しました。

「何ですか。いったい。何があったのですか?」

石田《いしだ》は、ただならぬ気配を感じました。すると喜一郎《きいちろう》が一歩前に出て言いました。

「ぼくは社長をやめることになりました。そこであなたにつぎの社長を引き受けていただきたいのです。そしてどうか、トヨタを立て直してください。」

石田《いしだ》は、若《わか》いころに佐吉《さきち》に出会って豊田《とよだ》紡織《ぼうしょく》に入社。喜一郎《きいちろう》や利三郎《りさぶろう》と共《とも》に、豊田《とよだ》の会社を育ててきた〝豊田《とよだ》の大番頭〟ともよばれる人物です。今、ピンチに立たされているトヨタをよみがえらせるには、この男しかいない。喜一郎《きいちろう》はじめ、トヨタの幹部《かんぶ》たちはそう考えたのでした。

「ちょっと待ってくださいよ。今のトヨタを再建《さいけん》するのは、なまやさしいことじゃありません。私にそんな自信《じしん》はありません。」

「むずかしい仕事になることはわかっています。だから石田《いしだ》さん、あなたしかいないんです。」

喜一郎《きいちろう》の目は、まっすぐに石田《いしだ》を見ていました。

「そうですか。……わかりました。喜一郎《きいちろう》さんがそこまでおっしゃるのなら、お引き受けしましょう。私《わたし》のような者でもお役に立てるのなら、力いっぱい、やってみますよ。」

こうしてトヨタは、新たな再建《さいけん》の道を歩むのです。一九五〇（昭和二十五）年のことでした。


「どうして明かりを三つもつけているんだ。二つもついていれば十分だ。」

「この紙は、うらがわも使うんだ。節約《せつやく》、節約《せつやく》！　身のまわりから、むだをいっさいなくすんだ！」

石田《いしだ》は、社員たちにてっていてきな節約《せつやく》を命じました。そうした心構《こころがま》えが、トヨタを立て直す第一歩だと考えたのです。

その年の六月、朝鮮戦争《ちょうせんせんそう》が起こりました。そのために米軍《べいぐん》は大量《たいりょう》の軍《ぐん》用《よう》トラックを注文し、トヨタの業績《ぎょうせき》は一気に改善《かいぜん》しました。倒産《とうさん》の危機《きき》にあったトヨタは、なんとたった一年でよみがえったのです。

社長を退《しりぞ》いたばかりのときは、さすがに元気をなくした喜一郎《きいちろう》でしたが、会社が立ち直っていくようすを見るにつれ、ふたたび体中にエネルギーが満《み》ちあふれてきました。

「東京《とうきょう》に新しい事務所《じむしょ》を開こう。そこで、新しい事業の計画を練るんだ。」

倒産《とうさん》のピンチにみまわれたトヨタは、こうしてあっという間に息をふき返したのです。

一九五二（昭和二十七）年一月のある日、トヨタをみごとに立ち直らせた石田《いしだ》が、喜一郎《きいちろう》の事務所《じむしょ》をたずねてきました。

「トヨタは、りっぱによみがえりました。もう、私《わたし》の仕事は終わりです。わがトヨタは、これから五年かけて『純国産乗用車《じゅんこくさんじょうようしゃ》』をつくるつもりです。そこでたのみがあるのですが。」

喜一郎《きいちろう》には、石田《いしだ》の心の中が読み切れませんでした。

(石田《いしだ》さんは、みごとにトヨタを立ち直らせてくれた。その石田《いしだ》さんが、このぼくに何のたのみがあるというのだろう。)

その石田《いしだ》のことばは、意外なものでした。

「さっきももうしあげたように、もう私《わたし》の仕事は終わりました。これからのトヨタは、新しい乗用車づくりに力を入れていきます。その指揮《しき》は私《わたし》ではとれません。私《わたし》は根っからの商売人で、技術屋《ぎじゅつや》じゃありません。でもこれからは、多くの新しい技術《ぎじゅつ》が必要《ひつよう》です。だからもう一度会社にもどって、新しいトヨタを引《ひ》っ張《ぱ》っていってください。これは全社員の願《ねが》いでもあるんです。」

喜一郎《きいちろう》は、少しの間考えたあとでこう言いました。

「しょうじき、まよっています。石田《いしだ》さんはたった一年でトヨタを立て直した、りっぱなリーダーです。なのに……。」

「ちょっと待ってください。」

石田《いしだ》が手のひらを前に広げて、喜一郎《きいちろう》のことばをさえぎります。

「トヨタが一年で立ち直ったのは、たまたま私《わたし》が社長のときに朝鮮戦争《ちょうせんせんそう》が起きて、米軍《べいぐん》がトラックを大量《たいりょう》注文してきたからです。言ってみれば、『ついてた』というだけのことなんですよ。」

けれど、喜一郎《きいちろう》は首をたてにふりません。

「ぼくもこの事務所《じむしょ》で、ヘリコプターや小型《こがた》エンジンの研究を始めたばかりです。ですから今すぐに、お引き受けすることはできません。もう少し、時間をください。」

すると石田《いしだ》は、意外にもあっさりとこう言ったのです。

「そうですか。発明家としての血がさわぐのですね。わかりました。また出直してくることにします。」

石田《いしだ》は、喜一郎《きいちろう》の性格《せいかく》をよく知っていました。好《す》きなことを始めたばかりで、そこに集中しているときは、何を言っても聞き入れない人物だということを。

それからしばらくたった三月中じゅん、こんどは東京赤坂《とうきょうあかさか》にある喜一《きいち》郎《ろう》の自宅《じたく》を、石田《いしだ》はたずねました。

「さあ、やくそくどおり、時間を差《さ》し上《あ》げました。社長を引き受けてくれますね。」

けれど喜一郎《きいちろう》は、まだその気になれません。

「会社はたしかに立ち直りました。けれどそれは、トラックばかりつくってきたからでしょう。ぼくの夢《ゆめ》は乗用車の生産《せいさん》なんです。ですから乗用車づくりが本格的《ほんかくてき》にできるようになるまでは、石田《いしだ》さんにがんばっていただきたいのです。」

石田《いしだ》はこのことばを待っていました。

「それができるようになったから、こうしてやってきたのですよ。たしか以前《いぜん》、おっしゃいましたよね。『ぼくはトラックなんぞを自動車とは思っとらん。本当の自動車工業というのは、乗用車をつくることなんだ』と。そのときがやってきたんです。いよいよトヨタは、乗用車づくりに本腰《ほんごし》を入れることに、会議《かいぎ》で決定したんですよ。」

石田《いしだ》のそのことばに、喜一郎《きいちろう》の目がキラリと光りました。石田《いしだ》の話は続《つづ》きます。

「私《わたし》の仕事は、トラックを売って会社を立て直すことでした。その責任《せきにん》は果《は》たしたつもりです。だからこんどは、喜一郎《きいちろう》さんが乗用車づくりに取り組む番です。戦争《せんそう》も終わり、平和になった時代の中で、どう会社を大きくしていくかがこれからは問われてきます。そんな時代のリーダーになれるのは、乗用車をよく知っている喜一郎《きいちろう》さんしかいません。一年前、私《わたし》はあなたのたのみを聞き入れました。こんどはあなたが私《わたし》のたのみを聞いてくださる番ですよ。」

石田《いしだ》の顔はわらっていましたが、その目は真剣《しんけん》そのものでした。その顔をじっと見つめたあとで喜一郎《きいちろう》は静《しず》かに言いました。

「わかりました。もう一度、がんばらせていただきます。世界にほこれる、日本の自動車をつくってみせます。」

石田はうなずきながら喜一郎《きいちろう》の手を取り、力強くにぎりしめるのでした。

喜一郎《きいちろう》はその日から、社長に復帰《ふっき》する準備《じゅんび》を始めます。喜一郎《きいちろう》の胸《むね》には、目指す純国産車《じゅんこくさんしゃ》の名前がすでに決まっていました。

《クラウン》

それを初めて聞いた技術《ぎじゅつ》スタッフは、

「クラウン、つまり王冠《おうかん》か。いい名前だ。さっそく、クラウンのエンジンづくりから始めよう！」

技術者《ぎじゅつしゃ》たちは、だれもがワクワクとして、仕事に取りかかろうとしていました。

とそのとき、ひとりの社員がやってきて、信《しん》じられないようなことばを口にしたのです。

「先ほど、おくさまからお電話がありました。喜一郎《きいちろう》さんが亡《な》くなられたそうです。」

あたりが一瞬《いっしゅん》、こおりついたようになりました。

「うそだろう？　うそだよな。だってついこの前、社長に復帰《ふっき》が決まって、新しい車づくりのスタートを切ったばかりなんだぞ。そんなバカなことがあってたまるか！」

しかし、それは事実でした。社長に復帰《ふっき》するためのあいさつ回りをして、旅館にもどったとき、はげしいめまいがして、そのままたおれたのです。〝脳溢血《のういっけつ》〟という病気でした。それはぐうぜんにも、父・佐吉《さきち》と同じ病気だったのです。

石田《いしだ》が喜一郎《きいちろう》の手を強くにぎりしめたあの日から、十日もたたない三月二十七日。豊田喜一郎《とよだきいちろう》は、五十七歳《さい》の短い生涯《しょうがい》を閉《と》じました。

一九五五（昭和三十）年。喜一郎《きいちろう》の夢《ゆめ》だった、「トヨペットクラウンRS型《アールエスがた》」が誕生《たんじょう》します。この車はまさしく、喜一郎《きいちろう》の目指した、日本人の手による『純国産《じゅんこくさん》乗用車』でした。

一九五六（昭和三十一）年四月三十日。クラウンはロンドンを出発し、五万キロの旅に出ました。日本の車の性能《せいのう》のすばらしさを世界に知ってもらうためです。きびしい山道や、しゃく熱《ねつ》の砂漠《さばく》など、いくつもの苦《く》

LONDON-TOKYO
DF 940

難《なん》を乗りこえ、十二月三十日、無事《ぶじ》に東京《とうきょう》へたどり着いたのです。

「なんというがんじょうな車なんだ。」

「日本はいつの間に、こんなすぐれた乗用車がつくれるようになったんだ。」

世界中から、おどろきの声が聞こえました。

その声は、天国にいる喜一郎《きいちろう》にもとどいたでしょうか。

トヨタのクラウンは、六十年以上《いじょう》たった今も、日本を代表する名車として走り続《つづ》けています。もちろんクラウンだけではありません。現在《げんざい》では、数え切れないほどの車種《しゃしゅ》の自動車が、世界中の道を走り続《つづ》けているのです。喜一郎《きいちろう》の熱《あつ》く、はるかな夢《ゆめ》を乗せて。

おわりに

山口《やまぐち》　理《さとし》

豊田喜一郎《とよだきいちろう》の人生を、あなたはどのように受け取りましたか？

はっきり言って喜一郎《きいちろう》は、「おもしろみのない人物」かもしれません。よく伝記になってしょうかいされる人物には、子どものころから人とはちがったところがある場合が多いようです。大人がびっくりするようなすぐれたことをやってのけたり、反対にとんでもない失敗《しっぱい》をやらかして、周囲《しゅうい》をあわてさせたり。読んでいて、ワクワクしたり、ハラハラしたりするようなエピソードがあるものです。しかし、喜一郎《きいちろう》には、そうしたものがほとんどありませんでした。おとなしくて、無口《むくち》で、引っこみじあんで、わらうこともめったにありません。運動が苦手で、子どものころは勉強もあまりできませんでした。つまり、「いてもいなくても気にならない子」であり、むしろ「できのよくない子ども」だったのです。大人になってからも、まじめひと筋《すじ》だったような喜一郎《きいちろう》が、どうして伝記《でんき》の主人公になったりするのでしょう。

それは喜一郎《きいちろう》が、「何かに夢中《むちゅう》になれる」人物だったからです。その「何か」が自動車だったことは、言うまでもありません。

この本を読んでくれたあなたには、夢中《むちゅう》になれるものが何かありますか？　運動でもかまいません。勉強でもいいでしょう。絵をかいたり、模型《もけい》をつくったり、日本中の駅名を調べたり、けん玉の上達《じょうたつ》を目指したり……。どんなことでもいいのです。何かに一生けんめい取り組むことは、その人自身を育てます。喜一郎《きいちろう》がそうだったでしょう？　引っこみじあんで、妹としか遊べなかった喜一郎《きいちろう》が、自動車というものに必死《ひっし》に取り組むことで、自分自身を成長《せいちょう》させていきました。新しい機械《きかい》を発明したり、社長として多くの社員をリードしたり。「できの悪い子」が、「世界が注目するトップリーダー」に成長《せいちょう》したのです。

「夢中《むちゅう》になって何かに取り組んでいる人」には、ことばではうまく言い表せないような、ふしぎなみりょく＝かっこよさがあるものです。

現代《げんだい》は一部で、熱心《ねっしん》に取り組む人のことを「オタク」などとバカにするようなムードもあるようです。そうした人たちは、夢中《むちゅう》になっている人の「かっこいい」すがたを一度も見たことがない人なのではないでしょうか。

豊田喜一郎《とよだきいちろう》は、完全《かんぜん》な「自動車オタク」だったのかもしれません。でもそれは、世界のだれもがみとめる、「かっこいいオタク」なのだとぼくは思います。

さあ、あなたもぜひ、夢中《むちゅう》になれるものを見つけてください。そして、自分の人生をもっとかっこよく、かがやかせてください。

資《し》料《りょう》

豊田喜一郎《とよだきいちろう》

喜《き》一《いち》郎《ろう》をとりまく人びと

喜《き》一郎《いちろう》の人生にえいきょうをあたえた人や、自動車づくりの仲間《なかま》、ライバルたちを紹介《しょうかい》します。

豊田《とよだ》家の人

豊田佐吉《とよださきち》　一八六七年〜一九三〇年

喜一郎《きいちろう》の父。「発明王」とよばれる発明家・実業家で、豊田《とよだ》自動織機製作所《じどうしょっきせいさくしょ》の創設者《そうせつしゃ》。一八九〇年に木製人力織機《もくせいじんりきしょっき》を発明すると、その後も日本初《はつ》の動力織機《どうりょくしょっき》や、喜一郎《きいちろう》と共同《きょうどう》開発したG型《ジーがた》自動織機《じどうしょっき》など、優秀《ゆうしゅう》な織機《しょっき》を数多くつくった。

豊田利三郎《とよだりさぶろう》　一八八四年〜一九五二年

喜一郎《きいちろう》の義理《ぎり》の兄。喜一郎《きいちろう》の妹・愛子《あいこ》と結婚《けっこん》し、豊田《とよだ》家の婿《むこ》養子《ようし》となった。豊田自動織機製作所《とよだじどうしょっきせいさくしょ》やトヨタ自動車工業の初代《しょだい》社長。はじめは自動車の開発に乗り気ではなかったといわれるが、参入後《さんにゅうご》は喜一郎《きいちろう》をささえ、自動車産業《さんぎょう》の発展《はってん》に力をつくした。

トヨタ自動車の関係者《かんけいしゃ》

石田退三《いしだたいぞう》　一八八八年～一九七九年

第三代社長。商社の駐在員《ちゅうざいいん》として中国にいるときに豊田佐吉《とよださきち》と親しくなり、豊田紡織《とよだぼうしょく》に入社。戦後《せんご》、豊《とよ》田自動織機《だじどうしょっき》の社長をつとめながら、トヨタ自動車工業の社長も引き受ける。そのころ起きた朝鮮戦争《ちょうせんせんそう》でアメリカ軍へのトラックの売りこみに成功《せいこう》し、倒産《とうさん》しかかっていたトヨタ自動車工業を、わずか一年で立て直した。

隈部一雄《くまべかずお》　一八九七年～一九七一年

副社長《ふくしゃちょう》もつとめた機械《きかい》工学者。東京帝国大学《とうきょうていこくだいがく》では喜《き》一郎《いちろう》の同級生で、卒業後《そつぎょうご》は大学に残《のこ》ってエンジンの研究を続《つづ》けた。研究室では日本初《はつ》の自動車性能試験《せいのうしけん》装置《そうち》をつくり、教授《きょうじゅ》にもなった。喜一郎《きいちろう》が小型《こがた》エンジンの試作《しさく》に成功《せいこう》したときは、実物を見てアドバイスをしている。

一九四六年にトヨタ自動車工業の常務取締役《じょうむとりしまりやく》となり、SA《エスエー》型《がた》小型《こがた》乗用車の設計《せっけい》・開発を進めた。

自動車開発をささえた友人・恩人《おんじん》

抜山《ぬきやま》四郎《しろう》

一八九六年〜一九八三年

高校、大学時代の喜一郎《きいちろう》の友人。喜一郎《きいちろう》は高校時代を仙台の第二高等学校ですごしたが、ここで得《え》た友人たちに、のちの自動車事業において力を借《か》りることになる。

抜山《ぬきやま》は東京帝国大学卒業《とうきょうていこくだいがくそつぎょう》後、東北帝国大学《とうほくていこくだいがく》で沸騰《ふっとう》の研究を続《つづ》け、一九六八年には、熱工学《ねつこうがく》分野のノーベル賞《しょう》といわれるマックス・ヤコブ賞《しょう》を受賞《じゅしょう》している。

坂《ばん》 薫《かおる》

一八九五年〜没年不詳《ぼつねんふしょう》

中学、大学時代の喜一郎《きいちろう》の友人。喜一郎《きいちろう》がイギリスのプラット社とG型自動織機《ジーがたじどうしょっき》について特許権《とっきょけん》の交渉《こうしょう》をしたとき、商工省《しょうこうしょう》の役人として適切《てきせつ》なアドバイスをあたえ、それが契約《けいやく》の成立《せいりつ》に役立った。

また、自動車行政《ぎょうせい》の担当者《たんとうしゃ》として、自動車製造事業法《せいぞうじぎょうほう》の制定《せいてい》にもかかわった。

本多光太郎《ほんだこうたろう》

一八七〇年〜一九五四年

国立国会図書館蔵

鉄や金属《きんぞく》の世界的《せかいてき》な研究者。KS鋼《ケーエスこう》や新KS鋼《しんケーエスこう》の発明で知られる。東北帝国大学金属材料研究所《とうほくていこくだいがくきんぞくざいりょうけんきゅうしょ》の教授《きょうじゅ》・所長や大学の総長《そうちょう》もつとめた。喜一郎《きいちろう》は、仙台《せんだい》の本多《ほんだ》を訪ねて、国内の技術《ぎじゅつ》で自動車用の鉄鋼材料《てっこうざいりょう》をつくれるかどうか助言を受けている。

自動車開発の先人・ライバル

内山駒之助《うちやまこまのすけ》

生没年不詳《せいぼつねんふしょう》

東京自動車製作所《とうきょうじどうしゃせいさくしょ》の技師《ぎし》。

国産《こくさん》のガソリンエンジン自動車第一号である「タクリー号」をつくった。

当時、自動車部品など何一つないところから始まった自動車づくりはたいへん困難《こんなん》であったが、開発をはじめてからおよそ一年後の一九〇七年春に完成《かんせい》した。

「ガタガタ走る」ところから、だれ言うともなく「ガタクリ」→「タクリー」という名がついたという。

鮎川義介《あいかわよしすけ》

一八八〇年〜一九六七年

国立国会図書館蔵

日産自動車《にっさんじどうしゃ》の創業者《そうぎょうしゃ》。

学歴《がくれき》を隠《かく》して職工《しょっこう》として就職《しゅうしょく》したのち、アメリカで鋳物《いもの》の技術《ぎじゅつ》を学ぶ。帰国後は福岡《ふくおか》で戸畑鋳物《とばたいもの》という会社を設立《せつりつ》し、その後自動車事業に乗りだす。

「自動車製造事業法《じどうしゃせいぞうじぎょうほう》」では、当初《とうしょ》二社だけが製造《せいぞう》を許《ゆる》されたが、それは豊田自動織機《とよだじどうしょっき》と日産自動車《にっさんじどうしゃ》であった。

一九三七年には満州《まんしゅう》重工業開発会社を設立《せつりつ》して総裁《そうさい》に就任《しゅうにん》。戦後《せんご》は参議院議員《さんぎいんぎいん》もつとめた。

喜《き》一《いち》郎《ろう》とゆかりのある場所

喜《き》一郎《いちろう》が生まれた場所、育った場所、そして、自動車開発を進めた場所を地図で確《たし》かめましょう。

喜《き》一郎《いちろう》の自動車《じどうしゃ》づくりは、刈谷町《かりやちょう》の豊田自動織機《とよだじどうしょっき》の工場内に自動車部をつくったところから始まります。まず、敷地内《しきちない》に試作《しさく》工場、一キロほどはなれた場所に組み立て工場を建《た》て、その後、挙母町《ころもちょう》に本格的《ほんかくてき》な専用《せんよう》工場《こうじょう》を建《た》てました。

▲愛知県豊田市《あいちけんとよたし》

挙母町《ころもちょう》は 1951 年に市になり、1959 年には豊田市《とよたし》になりました。
また、挙母《ころも》工場は、現在《げんざい》はトヨタ自動車の本社工場となっています。

http://d-maps.com/carte.php?num_car=347&lang=en

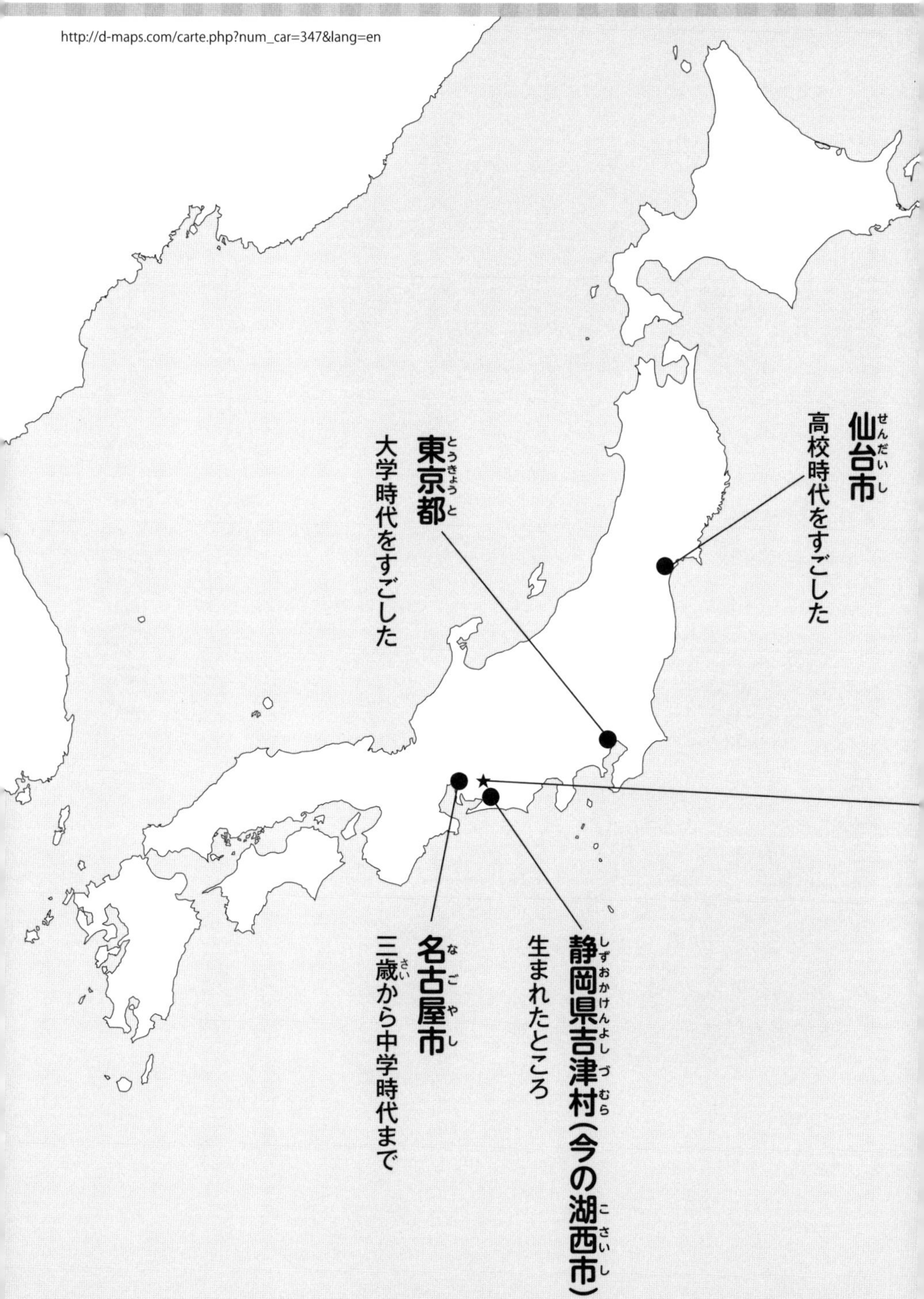

資料

喜《き》一《いち》郎《ろう》をもっと知ろう

理想の自動車づくりのために

Ａ１型《エーワンがた》乗用車に続《つづ》いてＧ１型《ジーワンがた》トラックを完成《かんせい》させた喜《き》一郎《いちろう》ですが、目指していたのは大衆《たいしゅう》乗用車でした。

▲Ａ１型《エーワンがた》乗用車

1935年５月 試作《しさく》の完成式《かんせいしき》

▲Ｇ１型《ジーワンがた》トラック

1935年11月の発表会

▲完成《かんせい》間近の挙母《ころも》工場

操業《そうぎょう》開始は1938年11月。部品の製造《せいぞう》から組立まで、すべての工程《こうてい》に対応《たいおう》する生産《せいさん》工場で、それぞれの工程《こうてい》が連続《れんぞく》するように配置《はいち》されていた。

▲トヨペットクラウンＲＳ型《アールエスがた》（1955年）

喜一郎《きいちろう》の夢《ゆめ》がつまった初《はつ》の本格的《ほんかくてき》乗用車。日本の実情《じつじょう》にあった車として、のちの乗用車のモデルにもなった。

▲ＡＡ型《エーエーがた》乗用車の組み立て

自動車だけじゃない！　いろいろな発明・開発品

喜《き》一郎《いちろう》は、自動車以外《いがい》にも、布《ぬの》を織《お》る機械《きかい》や糸をつくる機械《きかい》など、多くの製品《せいひん》を開発しています。

そのいくつかを見てみましょう。

▲豊田喜一郎《とよだきいちろう》

会社の経営者《けいえいしゃ》であると同時に技術者《ぎじゅつしゃ》でもあった。

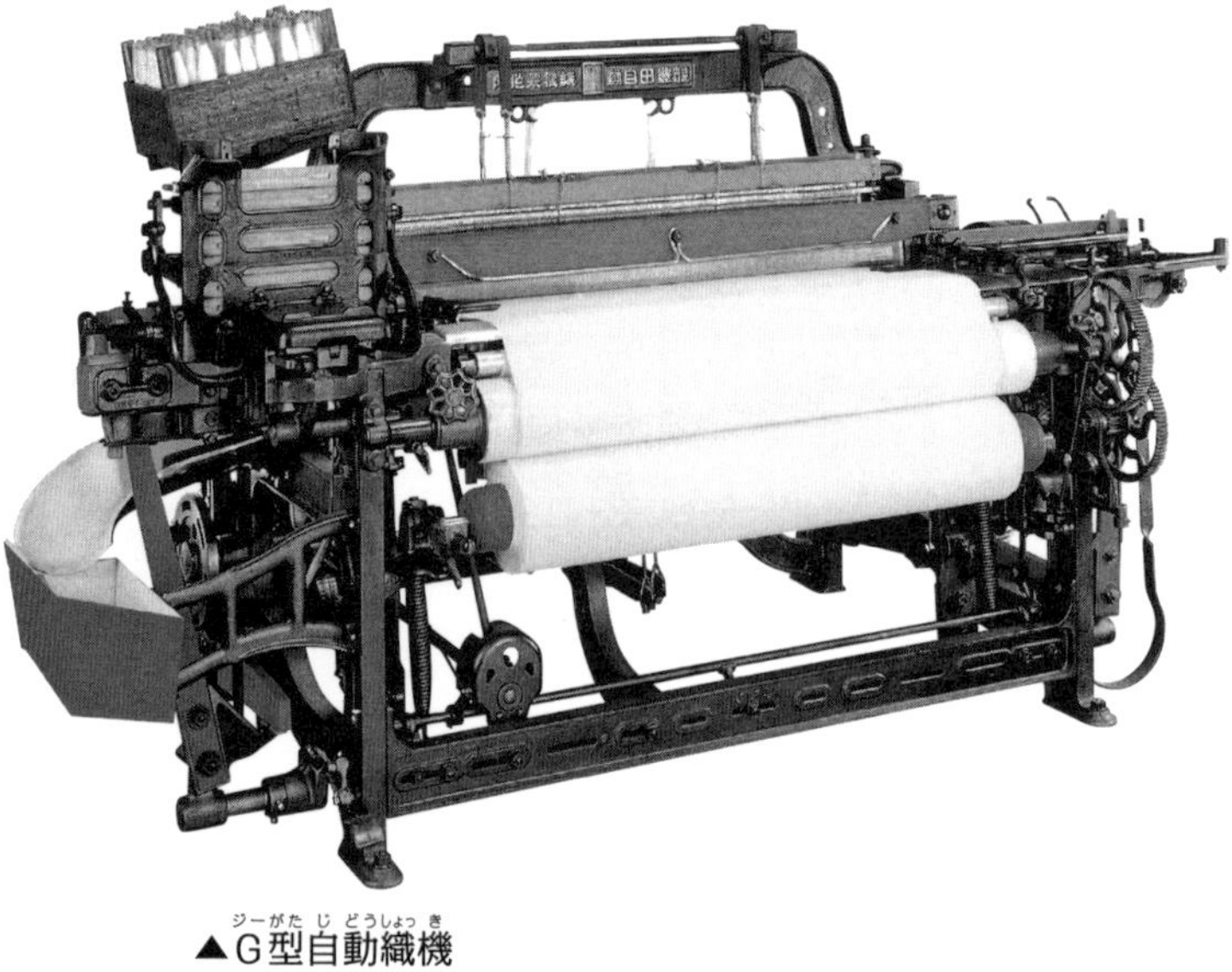

▲G型《ジーがた》自動織機《じどうしょっき》

父・佐吉《さきち》との共同《きょうどう》開発品。

佐吉《さきち》が長年研究してきた、自動で布《ぬの》を織《お》る機械《きかい》の完成形《かんせいけい》といえる。

よこ糸の自動補給《ほきゅう》や、糸が切れたときの自動停止《ていし》など、完全《かんぜん》な自動化を実現《じつげん》し、世界中で高く評価《ひょうか》された。

▲Ｒ１型《アールアイがた》ハイドラフト・リング精紡機《せいぼうき》

引きのばしながら糸によりをかけ、強くて弾力《だんりょく》のある糸をつくるための機械《きかい》。

▲プレコン住宅《じゅうたく》（トヨライト構造《こうぞう》）

工場でつくる鉄筋《てっきん》コンクリート製《せい》の部材《ぶざい》を、現場《げんば》で組み立てる家のこと。戦争《せんそう》で多くの家が焼《や》かれるのを見た喜一郎《きいちろう》が、住宅《じゅうたく》にもコンクリートを使うべきだと考え開発した。

喜一郎《きいちろう》の人生と、生きた時代

喜《き》一郎《いちろう》の人生におきた出来事を見ていきましょう。
どんな時代、どんな社会を生きたのでしょうか。

時代	西暦	年齢	喜一郎の出来事	世の中の出来事
明治	一八九四	〇歳	六月十一日　静岡県吉津村《しずおかけんよしづむら》（現湖西市《げんこさいし》）で生まれる	日清戦争《にっしんせんそう》が始まる
	一八九七	三歳	父　佐吉《さきち》が浅子《あさこ》と再婚《さいこん》	
	一八九九	五歳	妹　愛子《あいこ》が生まれる	
	一九〇一	七歳	名古屋市の小学校に入学	
	一九〇七	十三歳	父　佐吉《さきち》が共同《きょうどう》で豊田式織機株式会社《とよだしきしょっきかぶしきがいしゃ》を設立《せつりつ》	
	一九〇八	十四歳	私立明倫《しりつめいりん》中学校（現愛知県立明和《げんあいちけんりつめいわ》高校）に入学	
	一九一〇	十六歳	父　佐吉《さきち》がアメリカ・ヨーロッパのしさつに出発	韓国併合《かんこくへいごう》が行われる

大正

年	年齢	できごと	社会のできごと
一九一四	二十歳	仙台《せんだい》の第二高等学校に入学	第一次世界大戦《せかいたいせん》が始まる
一九一五	二十一歳	妹 愛子《あいこ》が利三郎《りさぶろう》と結婚《けっこん》	
一九一七	二十三歳	東京帝国大学《とうきょうていこくだいがく》に入学	ロシア革命《かくめい》が起きる
一九一八	二十四歳	父 佐吉《さきち》が豊田紡織株式会社《とよだぼうしょくかぶしきがいしゃ》を設立《せつりつ》	
一九二〇	二十六歳	東京帝国大学《とうきょうていこくだいがく》工学部を卒業後《そつぎょうご》に法学部《ほうがくぶ》に入学	国際連盟《こくさいれんめい》が発足
一九二一	二十七歳	四月 豊田紡織株式会社《とよだぼうしょくかぶしきがいしゃ》で働《はたら》き始める 七月 アメリカ・ヨーロッパのしさつに出発	
一九二二	二十八歳	二十子《はたこ》と結婚《けっこん》	
一九二三	二十九歳	長女 百合子《ゆりこ》が生まれる	関東大震災《かんとうだいしんさい》が起こる
一九二四	三十歳	G型自動織機《ジーがたじどうしょっき》の特許《とっきょ》を出願《しゅつがん》	
一九二五	三十一歳	長男 章一郎《しょういちろう》が生まれる	普通選挙制度《ふつうせんきょせいど》が定められる
一九二六	三十二歳	豊田自動織機製作所《とよだじどうしょっきせいさくしょ》が設立《せつりつ》され常務取締役《じょうむとりしまりやく》になる	

時代	西暦	年齢	喜一郎の出来事	世の中の出来事
昭和	一九二七	三十三歳	二女 和可子《わかこ》が生まれる	
	一九二九	三十五歳	二男 達郎《たつろう》が生まれる	世界恐慌《きょうこう》が起きる
			イギリス・プラット社とG型織機《ジーがたしょっき》について契約《けいやく》を結《むす》ぶ	
	一九三〇	三十六歳	小型《こがた》エンジンの試作《しさく》に成功《せいこう》	
			父 佐吉《さきち》が死去《しきょ》	
	一九三三	三十九歳	豊田自動織機《とよだじどうしょっき》の中に自動車部を設立《せつりつ》	日本が国際連盟《こくさいれんめい》を脱退《だったい》する
	一九三四	四十歳	A型《エーがた》エンジンを完成《かんせい》させる	
	一九三五	四十一歳	A1型《エーワンがた》乗用車、G1型《ジーワンがた》トラックの試作車完成《しさくしゃかんせい》	
			愛知県挙母市《あいちけんころもし》に工場建設《けんせつ》用地を取得《しゅとく》	
	一九三六	四十二歳	AA型《エーエーがた》乗用車、GA型《ジーエーがた》トラックなどを発表	
	一九三七	四十三歳	トヨタ自動車工業株式会社《かぶしきがいしゃ》が設立《せつりつ》され副社長《ふくしゃちょう》になる	日中戦争《せんそう》が始まる

昭和

年	年齢	できごと	世界のできごと
一九三八	四十四歳	挙母《ころも》工場の操業《そうぎょう》が始まる	
一九四一	四十七歳	トヨタ自動車工業の社長になる	太平洋戦争《せんそう》が始まる
一九四四	五十歳	トヨタ自動車工業が軍需《ぐんじゅ》会社に指定される	
一九四五	五十一歳	空襲《くうしゅう》によって挙母《ころも》工場の四分の一が壊《こわ》される	広島《ひろしま》・長崎《ながさき》に原爆《げんばく》が落とされる
一九四七	五十三歳	初《はつ》の小型《こがた》トラック（SB型《エスビーがた》）生産《せいさん》開始	
		初《はつ》の小型《こがた》乗用車（SA型《エスエーがた》）生産《せいさん》開始	
一九四八	五十四歳	SA型《エスエーがた》小型《こがた》乗用車と急行列車の競走《きょうそう》が行われる	
一九四九	五十五歳	SD型《エスディーがた》小型《こがた》乗用車生産《せいさん》開始	
一九五〇	五十六歳	トヨタ自動車工業社長を辞任《じにん》	朝鮮戦争《ちょうせんせんそう》が始まる
一九五二		三月二十七日　築地《つきじ》の旅館にて死去（五十七歳）	

記《き》念《ねん》館《かん》へ行こう

愛《あい》知《ち》県《けん》豊《とよ》田《た》市《し》の周辺《しゅうへん》には、喜一郎《きいちろう》や自動車に関係《かんけい》した施設《しせつ》がたくさんあります。

●トヨタ鞍《くら》ケ《が》池《いけ》記《き》念《ねん》館《かん》

「トヨタ創業展示室《そうぎょうてんじしつ》」では、模型《もけい》や映像《えいぞう》を使って初期《しょき》の自動車開発のようすをわかりやすく説明《せつめい》している。

〒471-0001 愛知県豊田市池田町南 250 番地
TEL 0565-88-8811

●トヨタ会館

トヨタ自動車本社内にある展示館《てんじかん》で、最新《さいしん》の技術《ぎじゅつ》を紹介《しょうかい》している。予約《よやく》すれば工場見学もできる。

〒471-0826 愛知県豊田市トヨタ町 1 番地
TEL 0565-29-3345

●トヨタ産業技術記念館《さんぎょうぎじゅつきねんかん》

繊維機械《せんいきかい》や自動車の技術《ぎじゅつ》の歴史《れきし》を知ることができる。

〒451-0051 愛知県名古屋市西区則武新町 4-1-35　TEL 052-551-6115

●トヨタ博物館《はくぶつかん》

世界中の自動車を約《やく》160 台展示《てんじ》している。

〒480-1118 愛知県長久手市横道 41-100　TEL 0561-63-5151

●豊田佐吉記念館《とよださきちきねんかん》

佐吉《さきち》と喜一郎《きいちろう》の親子が生まれた家を復元《ふくげん》している。

〒431-0443 静岡県湖西市山口 113-2　TEL 053-576-0064

資料提供・協力

トヨタ自動車株式会社（表紙・とびら「豊田喜一郎」「トヨダAA型乗用車<復元>」、p.9、p.89、p.125-127、p.132-135、p.140）

公益社団法人日本バス協会（p.62）

国立国会図書館（p.128-129）

参考資料

『豊田喜一郎 夜明けへの挑戦』（木本正次・学陽書房）

『時代を切り開いた世界の10人 レジェンドストーリー⑨ 豊田佐吉と喜一郎』（髙木まさき監修・学研教育出版）

『マンガでわかる日本人なら知っておきたいトヨタ自動車の歴史』（実業之日本社編・実業之日本社）

『トヨタを創った男 豊田喜一郎』（野口均・ワック）

『トヨタの遺伝子 佐吉と喜一郎のイノベーション』（石井正・三五館）

『近代技術の日本的展開 蘭癖大名から豊田喜一郎まで』（中岡哲郎・朝日新聞出版）

『図解誰もができる社員になるトヨタのすごい習慣&仕事術』（若松義人・PHP研究所）

『トヨタの自助論 豊田佐吉と豊田喜一郎』（日下部山、古屋敷仁・サンクチュアリ出版）

『豊田佐吉とトヨタ源流の男たち』（小栗照夫・新葉館出版）

DVD　「LEADEAS リーダーズ」（TCエンタテインメント）

　　　「遙かなる走路」（松竹）

その他、多くのウェブサイトを参考にしています。

著者紹介

作者

山口　理（やまぐち　さとし）

東京都出身。大学在学中に、高校で代用教員として現代国語の教鞭を執る。卒業後、千葉県内の小学校に勤務した後、執筆活動に専念。創作、ノンフィクション、エッセイ、評論、教育書、学術論文など幅広く執筆し、講演活動も積極的に行っている。主な創作に『かけぬけて春』（小学館）、『ぼくの一輪車は雲の上』『ロード』（ともに文研出版）、『時のむこうに』（偕成社）など。また、ノンフィクションの作品に『父と娘の日本横断』（ポプラ社）、『いのちを伝えて』（岩崎書店）、『ゴジラ誕生物語』などがある。日本児童文学者協会、日本ペンクラブ会員。

画家

黒須　高嶺（くろす　たかね）

埼玉県出身。児童書を中心にイラスト・挿絵を手がける。学習分野では『えほん横浜の歴史』『キリスト教と〈鎖国〉』『力の事典』（ともに岩崎書店）、読み物では『二丁目百年オルガン』『１時間の物語』（ともに偕成社）、『くりぃむパン』『自転車少年』（ともにくもん出版）、『ツクツクボウシの鳴くころに』（文研出版）などがある。

企画・編集

野上　暁（のがみ　あきら）

日本ペンクラブ常務理事、「子どもの本」委員長、東京純心大学こども文化学科客員教授。

編集協力　奥山　修
装丁　白水あかね

伝記を読もう　2

豊田喜一郎
自動車づくりにかけた情熱

2016年3月　初版
2024年11月 第9刷

作　者　山口　理
画　家　黒須高嶺
発行者　岡本光晴
発行所　株式会社 あかね書房
〒101-0065　東京都千代田区西神田 3-2-1
電話　03-3263-0641（営業）　03-3263-0644（編集）
https://www.akaneshobo.co.jp
印刷所　TOPPANクロレ 株式会社
製本所　株式会社 難波製本

NDC289　144p　22cm　ISBN 978-4-251-04602-4

伝記を読もう

人生っておもしろい！
さまざまな分野で活躍《かつやく》した人たちの、
生き方、夢《ゆめ》、努力《どりょく》…… 知ってる？

❶ **坂本《さかもと》龍馬《りょうま》**
世界を夢《ゆめ》見た幕末《ばくまつ》のヒーロー

❷ **豊田《とよだ》喜一郎《きいちろう》**
自動車づくりにかけた情熱《じょうねつ》

❸ **やなせたかし**
愛《あい》と勇気《ゆうき》を子どもたちに

❹ **伊能《いのう》忠敬《ただたか》**
歩いて作った初《はじ》めての日本地図

❺ **田中《たなか》正造《しょうぞう》**
日本初《はつ》の公害《こうがい》問題に立ち向かう

❻ **植村《うえむら》直己《なおみ》**
極限《きょくげん》に挑《いど》んだ冒険家《ぼうけんか》

❼ **荻野《おぎの》吟子《ぎんこ》**
日本で初《はじ》めての女性医師《じょせいいし》

❽ **まど・みちお**
みんなが歌った童謡《どうよう》の作者

❾ **葛飾《かつしか》北斎《ほくさい》**
世界を驚《おどろ》かせた浮世絵師《うきよえし》

❿ **いわさきちひろ**
子どもの幸せと平和を絵にこめて

⓫ **岡本《おかもと》太郎《たろう》**
芸術《げいじゅつ》という生き方

⓬ **松尾《まつお》芭蕉《ばしょう》**
俳句《はいく》の世界をひらく

⓭ **石井《いしい》桃子《ももこ》**
子どもたちに本を読む喜《よろこ》びを

⓮ **円谷《つぶらや》英二《えいじ》**
怪獣《かいじゅう》やヒーローを生んだ映画監督《えいがかんとく》

⓯ **平賀《ひらが》源内《げんない》**
江戸《えど》の天才アイデアマン

⓰ **椋《むく》 鳩十《はとじゅう》**
生きるすばらしさを動物物語《どうぶつものがたり》に

⓱ **ジョン万次郎《まんじろう》**
海をわたった開国の風雲児《ふううんじ》

⓲ **南方《みなかた》熊楠《くまぐす》**
森羅万象《しんらばんしょう》の探究者《たんきゅうしゃ》

⓳ **手塚《てづか》治虫《おさむ》**
まんがとアニメでガラスの地球《ちきゅう》を救《すく》え

⓴ **渋沢《しぶさわ》栄一《えいいち》**
近代日本の経済《けいざい》を築《きず》いた情熱《じょうねつ》の人

㉑ **津田《つだ》梅子《うめこ》**
日本の女性《じょせい》に教育で夢《ゆめ》と自信を

㉒ **北里《きたざと》柴三郎《しばさぶろう》**
伝染病《でんせんびょう》とたたかった不屈《ふくつ》の細菌《さいきん》学者

㉓ **前島《まえじま》 密《ひそか》**
郵便《ゆうびん》で日本の人びとをつなぐ

㉔ **かこさとし**
遊びと絵本で子どもの未来を

㉕ **阿波根《あはごん》昌鴻《しょうこう》**
土地と命を守り沖縄から平和を

㉖ **福沢《ふくざわ》諭吉《ゆきち》**
自由と平等を教えた思想家

㉗ **新美《にいみ》南吉《なんきち》**
愛《あい》と悲しみをえがいた童話作家

㉘ **中村《なかむら》 哲《てつ》**
命の水で砂漠《さばく》を緑にかえた医師《いし》

㉙ **牧野《まきの》富太郎《とみたろう》**
植物研究ひとすじに

㉚ **丸木《まるき》 俊《とし》**
「原爆《げんばく》の図」を描《えが》き世界に戦争《せんそう》を伝《つた》える